[POP SONG] ④ 팝송영어 에세이 ENGLISH ESSAY

서용득

YOUNG

팝송 영어 에세이 ④

초판인쇄	2018년 12월 10일
초판발행	2018년 12월 15일
저자	서용득
발행인	나영옥
발행처	도서출판 **영**
주소	경기도 고양시 일산서구 탄현로 133, 113동 1404호(탄현동, 일산임광진흥아파트)
전화	031) 904-7905~6
팩스	031) 904-7907
등록번호	825-90-00389
E-mail	youngpub@naver.com
ISBN	979-11-88743-48-3 93740

정가 15,000원

CONTENS

들어가면서

우리가 살아가면서 듣게 되는 소리에는 여러 가지가 있습니다. 우리는 자연의 소리, 인간을 포함한 동물의 소리와 악기를 포함한 기구나 기계 소리 등 다양한 소리에 대해 크게 의식하지 못하지만 소리는 무의식적으로 우리의 삶에 영향을 끼치고 있습니다. 이 가운데 가장 소중한 소리는 인간의 목소리일 것입니다. 소리 가운데 아름다운 소리를 음악이라고 일컫습니다. 인간의 목소리에 한정해서 생각해볼 수 있는 노래에는 혼자서 부르는 노래, 둘 이상이 부르는 노래 그리고 여럿이 함께 부르는 합창도 있습니다.

노래를 들으면서 우리는 각자에게 주어진 삶의 여정을 이어갑니다. 우리말로 된 노래도 감동을 주고 다른 언어로 된 노래도 감동을 줍니다. 감동이 노래가 주는 가장 큰 느낌일 것입니다. 이 감동은 노래를 듣는 사람의 살아오면서 겪은 경험과 그 사람이 처한 상황 등이 복합적으로 작용하여 나타날 것입니다. 노래는 다양한 호흡의 일부분이긴 하지만 노래에는 느낌이 담겨져 있습니다. 이런 느낌은 인간의 정서를 그대로 반영하고 있다고 볼 수 있습니다. 이런 노래 가운데 우리가 흔히 듣고 있는 영어로 된 노래 가운데 대표적인 노래가 팝송일 것입니다. 다양한 팝송들이 시대의 변천에도 계속 이어져 오고 있습니다. 팝송은 인간이 살아가면서 부닥치면서 겪게 되는 인간의 생각과 느낌들이 반영된 결과일 것입니다.

우리가 영어로 된 팝송을 들을 때 단순히 노래의 흐름으로 듣는 경우가 많습니다. 그렇지만 노래의 흐름뿐만 아니라 노래 가사의 뜻을 함께 생각하면서 노래를 듣게 되면 훨씬 더 팝송 속으로 빠져들게 될 것입니다. 시도 마찬가지이지만 팝송의 소리와 의미는 손등과 손바닥과의 관계와 마찬가지로 뗄레야 뗄 수 없는 공생관계입니다.

이 책은 '사랑'을 주제로 한 팝송의 의미를 생각하면서 동시에 영어 발음으로서의 소리를 이해한 후 제대로 팝송이 들릴 수 있도록 친절하게 설명하고 있습니다. 더 나아가 이 책에서는 팝송에 나타난 영어 표현을 제대로 이해하고 다양하게 활용할 수 있는 길도 제시되고 있습니다. 팝송을 소리로 제대로 이해하고, 뜻으로 제대로 이해하면서 영어 이해도 하는 것이 이 책의 목적입니다. 그리고 팝송을 영어로서 다루고 있으면서 제대로 된 영어 소리를 들을 수 있는 방법과 동시에 주어진 팝송을 통해 이런 저런 생각을 해볼 수 있는 기회를 갖기 위해 에세이 형식으로 팝송에 대해 줄글을 덧붙여 놓았습니다. 우리가 팝송을 제대로 듣고 이해하면서 그 팝송이 나의 삶의 과정에 어떤 의미를 제공할 때 비로소 제대로 팝송을 듣는다고 할 수 있습니다.

팝송을 제대로 듣기 위해 처음에는 노래의 전체 분위기를 알기 위해 처음부터 끝까지 한 번 들어봅니다. 그리고 나서 두 번째 들을 때는 영어 소리를 제대로 듣고, 내용을 파악하는데 중요한 내용낱말(content words) 중심으로 듣습니다. 마지막에 영어 소리와 노래 가사를 동시에 음미하면서 노래의 분위기에 흠뻑 빠져보는 것입니다. 그러니까 적어도 하나의 팝송을 세 번은 관심을 갖고 주의깊게 들어야 팝송을 제대로 감상할 수 있습니다.

아울러 팝송을 영어 수업 시간에 적용하면 영어 학습에 대한 동기유발도 가져올 수 있고, 영어에 대한 관심도 더 높일 수 있을 것입니다. 유튜브(youtube)에 접속하여 팝송을 듣게 되면 영상과 함께 팝송을 더 재미있게 그리고 잘 즐길 수 있을 것입니다.

책속에 나오는 sb는 somebody(어떤 사람, 누구)를 나타내고 sth은 something(어떤 것, 무엇)을 나타냅니다. 그리고 팝송의 한글 옮김에서 구두점(句讀點)은 노래의 자연스러운 흐름을 고려하여 표기하지 않았습니다.

pop song English essay ④

PART

팝송영어 소리를 제대로 듣는 요령

영어는 음절언어(syllable language)인 한국어와 달리 고저언어(pitch language)입니다. 음절언어는 낱말의 길고 짧은 형식으로 이어져가는 반면, 고저언어는 낱말의 높낮이로 이어져갑니다. 한국 사람들이 영어로 소리를 내거나 영어 소리를 들을 때 이 점을 놓치고 있기 때문에 제대로 영어 발음을 하거나 영어 듣기를 할 때 어려움이 뒤따르는 것입니다. 시작부터 제대로 영어 소리를 들어야 하는데, 그렇지 못한 경우가 대부분이어서 저는 안타깝게 생각합니다.

영어를 들을 때 들려오는 내용을 모두 들으려고 하면 번번히 실패하게 되고, 나중에는 듣는 것 자체를 포기하는 경우가 더러 있습니다. 고저언어인 영어의 내용을 파악하기 위해 크게 들려오는 소리인 내용낱말(content words)를 중심으로 내용을 파악하려고 해야 합니다. 그래야만 영어를 들을 때 지치거나 포기하지 않게 되고 반복적으로 영어를 듣는 습관을 갖게 되면 차츰 영어의 내용을 이해하게 됩니다.

우리가 영어 소리를 듣거나 말을 할 때 우리의 예측－표기된대로 듣거나 말해야 될 것으로 생각하고 있는 현상－을 벗어난 경우에는 우리로 하여금 영어 소리를 이해하는데 큰 어려움이 뒤따릅니다. 그러니까 눈으로 보이는 영어와 귀로 듣고 말로 하는 영어가 차이가 나는 현상을 규칙으로 만들어 놓았는데, 그것을 음변화 또는 음운변화(sound changes)라고 합니다.

영어 소리를 들을 때 정상적인 속도나 조금 빨리 들리는 소리의 경우 어떤 소리는 이웃 철자와 닮기도 하고, 이어지기도 하고, 없어지기도 하고 또한 주의해서 소리를 들어야 할 경우도 있습니다. 이런 현상을 음변화 또는 음운변화라고 합니다. 영어의 음변화에는 이어지는 소리(연결), 닮는 소리(동화)와 없어지는 소리(탈락)가 있습니다. 그 외에 영어를 듣거나 발음해야 할 때 유의해야 할 것으로 줄어진 소리(축약)와 주의해서 듣거나 발음을 해야 하는 경우로 나누어 볼 수 있습니다. 음변화는 규칙이기 때문에 다음에 설명하는 내용을 이해하고 스스로 연습을 하게 되면 영어를 제대로 들을 수 있게 됩니다.

01 이어지는 소리(연음)

영어에서 두 가지 이상의 낱말이 이어져 나올 경우에 두 개의 낱말이 서로 붙어서 소리가 나는 경우가 많습니다. 두 개의 낱말이 서로 붙어서 소리가 나게 되는 이어지는 소리 즉, 연음(連音; linking, liaison) 또는 연결(連結)에는 자음이동과 약모음이동의 두 종류가 있습니다. 두 개가 한 개로 붙어서 소리가 나기 때문에 영어가 외국어인 우리나라 영어 발음 학습자들에게는 이런 소리를 이해하는데 힘들 수밖에 없습니다. 특히 중요하지 않은 낱말의 철자가 붙어서 소리가 나는 것 때문에 중요한 내용 낱말을 놓치는 경우가 대부분입니다.

이어지는 소리 현상은 대부분의 한국 영어 학습자들에게 힘들게 하는 영어 발음이라고 할 수 있습니다. 그런데 이 현상도 규칙이기 때문에 현상을 이해하고 어느 정도 연습만 하고 나면 그렇게 힘든 것이 아님을 알게 될 것입니다.

1) 자음이동

자음이동(子音移動; consonant transfer)은 가까이 있는 두 개의 낱말이 이어져 나올 경우 앞 낱말의 끝 철자가 뒤에 있는 낱말의 앞에 가서 붙어 소리가 나는 현상입니다. She works in London.에서 works의 끝에 있는 자음 's'가 그 뒤에 있는 in의 앞으로 가서 붙어 소리가 나는 현상입니다. 그러니까 '웍스 인'이 아닌 '웍 신'으로 발음됩니다. 이런 예문들은 다음과 같습니다.

It's **on** sale today.
That's very kin**d of** you.
It depend**s on** the weather.
I**s it** all right i**f I** smoke?
A nurse work**s in a** hospital.

그런데 'kind of'의 경우, 자음이동이 되어 '카인더브'로 되는 경우도 있고, 나중에 설명이 되겠지만 'nd'에서 'd'가 'n'을 닮아 콧소리가 되는 현상으로 '카이너브'로 발음이 되는 경우도 있습니다. 그리고 앞 낱말의 끝부분이 모음인 경우ㅡ대개 모음 e가 나오는데ㅡe가 거의 약하게 들리게 되어 무시된 채 모음 e 앞에 있는 자음이 뒤에 나오는 낱말 앞에 가서 붙어 소리가 나는 경우도 더러 있습니다. 자음이동은 곧이어 나올 약모음이동과 방향이 반대입니다.

2) 약모음이동

약모음이동(弱母音移動; weak vowel shift)은 두 개의 낱말이 이어져 나올 경우, 가까이 있는 두 개의 낱말에서 뒤에 있는 낱말의 앞부분에 있는 철자인 약모음[ə]이 앞에 있는 낱말의 뒤에 가서 붙어 소리가 나는 현상입니다. 자음이동과 방향이 반대입니다. Are you i**n a** hurry?에서 뒤에 있는 낱말의 약모음 a[ə]가 앞에 있는 낱말에 붙어서 '인 어'가 아닌 '이너'로 소리가 나는 현상입니다.

I ha**ve**↷**a** headache.
Children cannot swi**m**↷**a**lone.
Why don't we ta**ke**↷**a** break?
Should I li**ve**↷**a**lone or wi**th**↷**a** roommate?
Sorry I didn't answer the phone righ**t**↷**a**way.

02 닮는 소리(동화)

닮는 소리는 동화(同化; assimilation)라고 합니다. 닮은 소리는 가까이 있는 두 개의 소리가 서로 닮아서 다른 소리로 나는 것을 일컫습니다. 닮는 소리에는 네 가지 현상 즉, 단타음화, 구개음화, 비음화와 역행동화가 있습니다. 모은 영어 소리가 이런 현상이 있는 것은 아니지만 미국영어(American English)에서 두드러지게 나타나는 현상입니다.

1) 짧게 치고 나오는 소리되기

짧게 치고 나오는 소리되기는 단타음화(單打音化; Flapped "t")라고 불리어지기도 합니다. 짧게 치고 나오는 소리되기는 철자 t(tt)나 d(dd)가 강한 모음(강모음)과 약한 모음(약모음) 사이에 놓이게 되면 t도, d도, r도 아닌 소리가 납니다. 강한 모음은 기본 모음인 a, e, i, o, u가 제대로 음을 내어 소리를 내는 것입니다. 약한 모음은 기본 모음이 약하게 소리를 내는 것으로 주로 [ə]로 소리를 내는 것입니다. 한 개의 영어 낱말에서 모음에 강세를 받게 되는데, 여러 개의 모음이 있다할지라도 한 개만 강하게 소리를 내고 다른 모음은 약하게 소리를 냅니다. I walk much better than I ride!에서 better는 '베터'가 아닌 '베러'에 가깝게 발음됩니다. 그리고 He is climbing a ladder.에서 ladder는 '래더'가 아닌 '래러'에 가깝게 발음됩니다. 짧게 치고 나오는 소리인 경우 한글로 표기할 수 없는 발음이지만, 영어로는 'r'로 표시합니다. 이런 음변화는 미국영어에서 자주 나오는 현상입니다. 이 현상을 익히려면 소리를 내어 발음연습을 해보고 듣는 방법 이외에는 다른 길이 없습니다.

Drink a lot of water (wat⌒er).
I got⌒a job in a clothing factory.
I get⌒up early to catch the first train.
I'm looking for a battery (bat⌒tery) for this camera.
Are you getting (get⌒ting) ready for the party (part⌒y)?

2) 구개음화

닮은 소리 가운데 하나인 구개음화(口蓋音化; palatalization)는 두 가지 즉, d[d]와 y[j]가 합쳐지면 [ʤ]로 소리가 나는 경우([d]+[j]=[ʤ])와 t[t]와 y[j]가 합쳐지면 [tʃ]로 소리가 나는 경우([t]+[j]=[tʃ])가 있습니다. 그런데 이 두 가지의 경우로만 발음되는 것은 아니고 따로 따로 발음을 하는 경우도 있습니다. Did you have a good weekend?에서 Did you의 d[d]와 y[j]가 이어져 나오면서 합쳐져 소리가 나게 되면 '디 더 유'로 발음되기 보다 '디쥬'에 가깝게 발음됩니다. 그리고 What about you?에서 about you의 t[t]와 y[j]가 이어져 나오면서 합쳐져 소리가 나게 되면 '어바웃 유'로 발음되기 보다 '어바우츄'에 가깝게 발음됩니다. 이런 현상은 미국영어(American English)에 좀 더 두드러진 현상입니다. 특히 팝송의 경우 대부분 이 소리 현상이 지켜지는 경우가 대부분입니다.

Di**d** ⌒ **y**ou see that?
How di**d** ⌒ **y**ou get there?
Coul**d** ⌒ **y**ou tell me where the bank is?
What kind of bread woul**d** ⌒ **y**ou like?
When di**d** ⌒ **y**ou go to the gym on Saturday?

I know wha**t** ⌒ **y**ou mean.
Why don'**t** ⌒ **y**ou call her?
You play football, don'**t** ⌒ **y**ou?
I'll mee**t** ⌒ **y**ou at your house.
Aren'**t** ⌒ **y**ou going to see a movie tomorrow?

3) 콧소리 되기

닮는 소리에서 콧소리 되기 즉, 비음화(鼻音化; nasalization)는 철자 nt가 붙어 있는 경우에 해당됩니다. What kind of art?에서 콧소리 되기는 'nt'에서 뒷소리 't' 앞에 있는 콧소리 'n'닮아 콧소리로 되는 현상입니다. 'nt'에서 't'는 앞에 있는 콧소리

'n'을 닮아서 'n'으로 변하여 'nn'이 된다. 'nn' 'n'이 두 번 겹쳐 나오기 때문에, 앞의 'n'은 탈락됩니다. 따라서 'nt'는 'n'으로 발음된다. 'nt'음이 반드시 이렇게 되는 것은 아니지만, 일상적인 구어체에서 많이 들을 수 있는 현상입니다.

그런데 'nt'만이 콧소리로 되는 것은 아니고 'nd'도 콧소리로 되는 경우가 가끔씩 있습니다. 그 이유는 't'나 'd'는 같은 위치에서 소리가 나는 무성음과 유성음이기 때문입니다. 그리고 don't나 doesn't의 경우 바로 뒤에 자음으로 시작되는 낱말이 놓이기 때문에 't'가 탈락될 수도 있습니다.

It was disappoi**nt**ing.

The man is pai**nt**ing a picture.

You've always wa**nt**ed to work overseas.

I have an appoi**nt**ment every week at this time.

This is a nice party, is**n't** it? Everyone is so friendly.

What ki**nd** of work do you do?

She's ki**nd** of tall with brown hair.

I'm not desperate to fi**nd** a job at the moment.

Do you mind le**nd**ing me this book? I'd like to read it.

Yeah I do a lot of cooking. I ki**nd** of enjoy it. It helps me relax.

4) 역행동화

닮는 소리 현상 가운데 역행동화(逆行同化; retro-assimilation)는 뒷소리의 영향을 받아 앞의 소리가 바뀌면서 닮는 현상입니다. 여기에는 let me~와 give me~의 경우가 있습니다.

(1) let me~의 경우

Let me introduce myself.에서 let me의 경우에는 let의 't'가 me에 있는 'm'의 영향을 받아 'lem'으로 변합니다. 따라서 lemme로 되는 현상입니다. 이

상태에서 표기되기도 하지만, 소리는 'mm'이 겹치기 때문에 앞의 'm'이 탈락되어 '레미'에 가깝게 발음됩니다.

Let me see.Let me see your receipt.
Let me get you some aspirin.
I don't know, let me take a look.
Just let me have a look at her schedule.

(2) give me~의 경우

Can you give me his phone number?에서 give me의 경우에는 give에서 끝에 있는 모음 e는 본래 소리가 약해 잘 들리지 않습니다. 그래서 give의 'v'가 me에 있는 'm'의 영향을 받아 'gim'으로 변합니다. 따라서 gimme로 변하는 현상입니다. 이 상태에서 표기되기도 하지만, 소리는 'mm'이 겹치기 때문에 앞의 'm' 이 탈락되어 '기미'에 가깝게 발음됩니다.

Give me another part.
Could you give me a ride?
Could you give me the address?
Just give me a tuna fish sandwich.
Can you give me an example of that?

03 없어지는 소리(탈락)

없어지는 소리는 탈락(脫落; deletion)이라고 합니다. 없어지는 소리는 네 가지 경우에 일어납니다. 첫째, k/g, p/b, t/d가 자음과 자음 사이에 놓이면 없어져 버립니다. 둘째, 가까이 있는 두 개의 낱말 또는 한 개의 낱말에서 같은 철자가 이어져 나오게 되면 앞에 있는 철자가 없어집니다. 셋째, 두 개의 낱말에서 가까이 있는 두 개의 철자 발음이 비슷하면 앞에 있는 철자가 없어집니다. 넷째, 두 개의 낱말에서 가까이 있는 두 개의 철자가 다르지만 발음이 같으면 앞에 있는 철자가 없어집니다. 이 네 가지가 없어지는 소리 현상입니다.

1) k/g, p/b, t/d가 자음과 자음 사이에 있는 경우

It depends.에서 depends의 경우에는 뒷부분에 있는 'd'가 소리나지 않습니다. 영어 소리를 낼 때 여섯 개의 철자 k/g, p/b, t/d가 자음과 자음 사이에 놓이면 없어집니다. k/g, p/b, t/d가 파열음(破裂音)으로 발음을 할 때 갑자기 터져 나오는 소리이기 때문에, 발음을 할 때 철자와 철자 사이에 공기를 넣어줄 시간이 없게 됩니다. 대부분의 자음은 모음과 더불어 사이좋게 가까이 놓여 있어 자음과 모음 모두 제대로 소리를 낼 수 있는데, 세 개의 자음이 연이어 나오는 경우에는 결국 사이에 있는 자음이 치일 수밖에 없습니다. 더더구나 이 여섯 개의 철자의 왼쪽과 오른쪽에 자음이 있기 때문에 어쩔 도리가 없이 소리내기가 힘들어져 아예 소리를 내지 못하게 됩니다. 이런 음변화는 영어 발음에서 자주 나오는 것이기 때문에 꼭 알고 있어야 합니다.

Thanks!
I visited my grandchildren.
Could I take next Monday off?
Some of the students did very well.
We hope you all have a very merry Christmas.

2) 가까이 있는 두 개의 낱말 또는 한 개의 낱말에서 같은 철자가 겹치게 되는 경우

I think I went twice.에서 went의 't'와 twice의 't'의 경우에 앞의 't'는 탈락이 됩니다. 이와 같이 가까이 있는 두 개의 낱말 또는 한 개의 낱말에서 같은 철자가 이어져

나오게 되면 앞에 있는 철자가 없어집니다. 영어에서 똑같은 두 개의 철자가 이어져 나올 때 앞의 철자가 생략하여 발음하게 됩니다. 한국어의 된소리는 영어에 서 제대로 소리가 나지 않는다는 뜻이 됩니다. 이런 탈락은 한 낱말 안에서도 있을 수 있겠지만, 두 낱말이 이어져 나올 경우에도 해당이 됩니다.

We went swi**m**ming.
The lamp is nex**t** to the table.
Jane stays at home wi**th** the baby.
Wha**t** time was the conference call?
I wan**t** to know the results of the election.

3) 두 개의 낱말에서 가까이 있는 철자의 발음이 비슷한 경우

When did the package arrive?에서 did와 the의 경우에 did의 'd'[d]와 the[ðə] 의 [ð]가 발음이 비슷하여 앞의 the가 탈락됩니다. 두 개의 낱말에서 가까이 있는 철자의 발음이 비슷하면 앞에 있는 철자가 없어집니다. 이런 경우 단순히 철자가 비슷한 경우가 많지만, 결과적으로 소리가 비슷한 경우에 해당된다고 보는 것이 더 알맞을 것 입니다. 이런 탈락 현상은 주로 자음 두 개가 연이어 있을 때 일어나는 경우가 대부분입니다.

Why i**s** **sh**e happy?
They ha**d** **t**o leave yesterday.
Have you me**t** **the** new manager?
I just me**t** **the** new board members.
The cleaner's is nex**t** **d**oor to the bank.

4) 두 개의 낱말에서 가까이 있는 철자가 다르지만 발음이 같은 경우

Police say.에서 Police의 'ce'[s]가 발음되고, say의 's'와 같은 발음이 되기 때문에, 앞의 'ce'가 탈락되어 '폴리 세이'에 가깝게 발음됩니다. 이와 같은 현상은 영어에서 드문 경우입니다. 이 경우는 두 개의 낱말에서 가까이 있는 철자가 다르지만 발음이 같으면 앞에 있는 철자가 없어집니다. 이런 경우는 없어지는 소리 현상인 탈락이 긴 하지만 영어에서 드물게 나옵니다.

I've lived here sin**ce S**eptember 1st.
He has not seen her sin**ce S**aturday.
I stayed home and watch**ed t**elevision.
They've been so kind to me sin**ce S**ara died.
I'm sure he will have arriv**ed d**owntown by now.

04 줄어진 소리(축약)

일반적으로 우리가 영어의 모든 음을 하나하나 분리하야 또렷하고 분명하게 소리를 내는 것은 아닙니다. 이런 경우 언어의 경제성 때문에 줄여서 소리를 내는 경우가 많습니다. 줄어진 소리 또는 줄인 소리는 축약(縮約; contraction)이라고도 합니다. 이것은 낱말의 일부를 아포스트로피(')(apostrophe)를 찍고 줄여서 소리를 내는 현상입니다.

줄어진 소리의 경우, 우리가 잘 아는 경우와 같이 Be 동사, Have 동사나 부정형 등과 같이 일반적으로 줄이는 경우—I am=I'm, You are=You're, He is=He's, She is=She's, I/He/She was not=I/He/She wasn't, You/We/They were not=You/We/They weren't, He has=He's, She has=She's, He have=He've, She have=She've, They have=They've, Here is not=Here isn't, There is not=There isn't, Here are not=Here aren't, There are not=There aren't, I/You do not=I/You don't, She/He does not=She/He doesn't—등이 있고, 낱말의 일부를 줄이는 경우— because='cause, madam 또는 madame=ma'am —등 또는 소리가 나는대로 발음하는 경우—I don't know-I dunno— 등과 이어지는 발음을 하는데 어려움이 있기 때문에 줄이는 경우—doing=doin', and='n, I miss them=I miss'em—등과 도우미동사(조동사)를 줄이는 경우—I/He/She/We/They will=I/He/She/We/They'll, He will not=He won't, I could not=I couldn't, She should not=She shouldn't—등이 있습니다.

줄어진 소리 가운데 가장 어려운 발음은 '~'ll'의 경우입니다. 그 이유는 여기에 있는 철자 'l'이 우리나라 발음에는 없는 소리이면서, 영어에서 제대로 소리를 내려고 하면 혀를 입천장에 붙여서 소리를 내야 하기 때문에, 가장 어려운 축약 현상 가운데 하나가 되고 있습니다.

How'**re** you doing?
I'**d** like a single room, please.
That'**s** OK. Do**n't** worry about it.
I'**ll** pick you up on Friday, around 7:30.
Well, there'**s** a jazz concert at Jack'**s** Place.

05 주의해야 할 발음

영어에서 주의해야 할 발음으로 tr~과 dr~ 소리의 경우, wh~ 소리의 경우, can과 can't의 경우, have to, has to와 had to의 경우, used to의 경우, 허물없이 발음하는 경우, one of~ 등의 경우와 도우미동사(조동사)의 과거+have+동사의 과거분사의 경우에 주의해서 발음을 해야 하는 경우가 해당됩니다.

1) tr~과 dr~ 소리의 경우

(1) tr~발음의 경우

'tr~'의 발음은 '츠'와 '추'의 중간쯤 되는 소리로 '츄'에 가깝게 발음됩니다. 아마도 'tr~'은 두 자음이 이어져 나오기 때문에 발음을 하려다 보면 't'와 'r'의 거리가 상당히 멀리 떨어져 있기 때문에, 그 두 소리의 중간쯤을 발음하려고 하는 경향이 있을 것입니다. 우리나라에서 한글로 표기할 때는 '트ㄹ~'로 하고 있습니다. 가령 **trip**은 '츄립'이 아니라 '트립'으로 표기한다는 뜻입니다.

We planted a screen of tall **tr**ees.
Try to do without tobacco and alcohol.
Muscles con**tr**act and relax during physical activity.
I've been in **tr**ouble since I was eleven years of age.
EU citizens can now **tr**avel freely between member states.

(2) dr~발음의 경우

'**dr~**'의 발음은 '드'와 '주'의 중간쯤 되는 소리로 '쥬'에 가깝게 발음됩니다. 아마도 '**dr~**'은 두 자음이 이어져 나오기 때문에 발음을 하려다 보면 '**d**'와 '**r**'의 거리가 상당히 멀리 떨어져 있기 때문에, 그 두 소리의 중간쯤을 발음하려고 하는 경향이 있을 것입니다. 우리나라에서 한글로 표기할 때는 '드ㄹ~로 하고 있습니다. 가령 **drip**은 '쥬립'이 아니라 '드립'으로 표기한다는 뜻입니다.

Her face was **dr**ipping with sweat.
Would you care for another **dr**ink?
He crashed into a tree in **dr**iving rain.
The air smelled powerfully of **dr**y dust.
The money is safely locked in a **dr**awer.

2) wh~ 소리의 경우

'**wh~**'로 시작되는 영어 발음은 우리가 실제 알고 있는 것과 다르게 들립니다. '**wh~**'로 시작되는 낱말은 '**w**' 뒤에 있는 '**h**'의 소리가 보통 들리지 않습니다. 그러니까 **where**의 발음은 '훼어'로 들린다기 보다 '웨어'에 가깝게 들린다는 뜻입니다. 여기에 해당되는 것으로 **what, why, when, which**와 **white** 등이 있습니다.

그러나 사람과 관련된 who, whose, whom은 예외로 'h'의 소리가 나서 who의 경우 '후'라고 발음하지 '우'라고 발음하지 않습니다.

Why did he do it?

Which is the shortest day of the year?

Stop bothering me **wh**en I'm working.

It will certainly be a **wh**ite Christmas for some.

Who does this watch belong to?

So **wh**ose party was it last night?

"I want to send a telegram."-"Fine, to **wh**om?"

3) can과 can't의 경우

can과 can't는 구별하여 소리를 내야 합니다. can과 can't는 기능낱말(기능어)이기 때문에 약하게 발음합니다. 그런데 can이 문장의 끝에 오는 경우에는 [kæn]으로 발음하고, 글의 중간에 들어가는 경우에는 [kən]과 같이 약하게 소리가 납니다. 그리고 can't의 뒤에 낱말이 오는 경우 can't에 있는 't'가 자음과 자음 사이에 놓이기 때문에 탈락하게 됩니다. 따라서 can과 구별하기 위해 can't는 [kæn]으로 발음하거나 [kænt] 로 발음됩니다. 일반적으로 can은 약간 짧게 발음되고, can't는 약간 길게 발음되는 경향이 있습니다.

Can I sit next to you?

Can I ask a favour of you?

I wonder if you can help me.

We **can't** be together all the time.

Don't tell me you can't remember.

You can't mix business with pleasure.

4) have to, has to와 had to의 경우

have to는 '~해야 한다'라는 뜻으로 발음은 [hæftə]로 하고, 과거형인 had to는 [hætə]로 발음해야 합니다. 특히 had 새의 최종 발음은 'd'와 't'가 비슷한 소리이기 때문에 앞의 'd'가 탈락되어 뒤의 't'만 발음됩니다. has to의 경우에는 [hæstə]로 발음이 됩니다.

You don't **have to** sing.
Did she have to pay a fine?
When do you have to let them know?

One of them **had to** leave.
They finally had to admit defeat.
The plan had to be abandoned on grounds of cost.

She **has to** do her homework tonight.
The design has to appeal to all ages and social groups.
The customer has to deposit a minimum of $100 monthly.

5) used to의 경우

used to는 '~하곤 했다'라는 뜻으로 발음은 [justə]입니다. 이것은 사람의 어떤 행위가 과거에 규칙적으로 이루어진 반복적인 어떤 것을 말하는데, 지금은 더 이상 하지 않는 행위나 상황을 말하거나 변한 과거의 상태에 관해 이야기할 때 쓰입니다. 이것은 과거에는 옳았던 그 무엇이 이제 더 이상 옳지 않음을 뜻합니다. used to 다음에 단순 동사가 뒤따릅니다.

She **used to** cook every day.
He **used to** play in the garden.
Kids **used to** trade baseball cards.
I admit I can't see as well as I **used to**.
They **used to** visit her grave twice a year.

6) 허물없이 발음하는 경우

허물없이 발음하는 경우에 세 가지가 있습니다. 이것은 want to를 wanna로, going to를 gonna로, 그리고 trying to를 tryna로 발음하는 경우입니다. 그런데 이 가운데 tryna는 그렇게 자주 사용되고 있지 않지만 앞의 다른 두 가지와 같은 현상이기 때문에 익혀 두면 도움이 될 것입니다.

(1) wanna의 경우

wanna는 want to가 음변화를 통해 미국영어에서 대부분의 사람들이 사용하고 있는 것입니다. want to에서 want의 't'가 뒤에 있는 to의 't'와 같은 철자이기 때문에 없어지게 되고(wan), to의 't'가 앞에 있는 wan에서 콧소리인 'n'을 닮아 'n' 으로 되고, 'o'는 약모음인 [ə]로 되는데, 약모음 [ə]가 표기하는데 불편함이 있어 a로 해놓은 것으로 볼 수 있습니다. 따라서 want to는 wanna로 된 것입니다. 이 변화 과정은 want to→wan to→wan nə→wannə→wanna입니다. 이 현상은 going to가 gonna로 되고, trying to가 tryna로 되는 것과 같습니다. 일반적으로 want to 로 표기되어 있어서 실제 발음을 하거나 입말체에서는 대부분 wanna로 발음합니다.

Do you **wanna** get a prize?
Do you **want to** go with me?
I don't **wanna** send the money.
What do you **wanna** do tonight?
Wanna play with me and my friends tonight?

(2) gonna의 경우

gonna는 going to가 음변화를 통해 이루어진 것입니다. going to에서 going의 'ing'는 발음상 하기 힘들기 때문에 줄여서 'in'으로 하여 'g'를 발음하지 않습니다. 그리고 to의 't'는 앞 goin'의 'n'과 만나면 콧소리인 'n'을 닮아 콧소리로 되기(비음화) 때문에 'n'으로 됩니다. 그 다음 goin' nə는 발음상 불편하기 때문에 gonne로 발음된다. 그리고 마지막 gonne에서 'e'는 일반적으로 표기하는데 불편하기 때문에 그냥 표기하기에 좋은 'a'로 남겨둔 것입니다. 일반적으로 going to로 표기되어 있어도 입말체에서는 대부분 gonna로 발음됩니다. 따라서 going to가 gonna 로 된 것입니다. 이 변화 과정은 going to→goin' to→goin' nə→gonnə→gonna입니다. 이 현상은 want to가 wanna로 되고, trying to가 tryna로 되는 것과 같습니다.

He's **gonna** be twelve.
I'm **gonna** call the cops.
I'm **going to** go to the post office.
She's **going to** go away next summer.
I'm **going to** ask my husband which one he wants!

(3) tryna의 경우

tryna는 trying to가 음변화를 통해 이루어진 것으로 격식을 차리지 않는 입말체에서 사용되는 것입니다. trying to에서 trying의 'ing'는 발음상 하기 힘들기 때문에 줄여서 'in'으로 하여 'g'를 발음하지 않습니다. 그리고 to의 't'는 앞 tryin'의 'n'과 만나면 콧소리인 'n'을 닮아 콧소리로 되기(비음화) 때문에 'n'으로 됩니다. 그 다음 tryin' nə는 발음상 불편하기 때문에 trynna로 발음됩니다. 그리고 마지막 tryna에서 'n'이 겹치기 때문에 앞의 'n'이 탈락되어 tryna로 됩니다. 아마도 이것은 발음을 하는데 자연스럽게 하기 위해 tryna로 한 것으로 생각해 볼 수 있습니다. 따라서 trying to가 tryna로 된 것입니다. 이 변화 과정은 trying to→tryin' to →tryin' nə→trynna→tryna입니다. 이 현상은 want to가 wanna로 되고, going to가 gonna로 되는 것과 같습니다. 그런데 tryna는 wanna나 gonna의 경우와 비교가 되지 않을 정도로 영어에서 드물게 나타납니다.

The man is **tryna** get a taxi.
Well, I'm **trying to** find a new job.
Are you **trying to** do a British accent?
I guess I see what you're **trying to** say. We're still **trying to** appraise the two firms.

7) one of~ 등의 경우

One of~의 경우 빨리 소리를 내게 되면 of의 'f'는 자음 앞에서 탈락하게 됩니다. 따라서 of의 발음이 '어브[əv]'이기 때문에 결과적으로 of의 발음은 '어[ə]'로 됩니다. 그리고 이와 같은 현상은 All of~, None of~, Some of~, Most of~나 Many of~경우에도 똑같이 적용될 수 있습니다.

It's **one of** my many mistakes.
This city is still **one of** the world's best.
I always think of you as **one of** the family.

These are trying times for **all of** us.
Some of these pills don't mix with drink.
Many of the stories are based on rumour.
None of us is entirely blameless in this matter.

8) 도우미동사(조동사)의 과거+have+동사의 과거분사의 경우

주의해야 할 발음 가운데 도우미동사(조동사)+have+과거분사(past principle)의 경우—주로 과거에 일어난 그 무엇에 대해 시기적으로 너무 늦어 상대방의 과거의 행위에 대해 충고가 별 도움이 되지 않을 경우—처럼 겉으로 보기에 세 개의 낱말이 나열되어 있다 할지라고, 한 박자에 맞추어야 하기 때문에 have를 ''ve'로 줄여서 약하게 발음해야 합니다. 또는 표기는 줄여져 있지 않더라도 실제 발음을 할 때는 줄여서 발음해야 합니다. 예를 들면 could have been은 could've been, must have taken은 must've taken, might have been은 might've been, ought to have known은 ought to've known으로 그리고 should have listened는 should've listened 등으로 소리를 내야 합니다.

You must have met my older brother.
(=You **must've met** my older brother.)
You ought to have asked John to help.
(=You **ought to've** asked John to help.)
He could have said that, I don't remember.
(=He **could've said** that, I don't remember.)
I might have gotten here on time, if the bus hadn't been late.
(=I **might've gotten** here on time, if the bus hadn't been late.)
If I had seen the advertisement in time I would have applied for the job.
(=If I had seen the advertisement in time I **would've applied** for the job.)

이 책의 각 팝송에서 '* 영어 발음 제대로 듣거나 말하기' 코너는 1. 이어지는 소리(연음)의 경우―1) 약모음 이동, 2) 자음 이동―, 2. 없어지는 소리(탈락)의 경우, 3. 닮는소리(동화)의 경우, 4. 줄어드는 소리(축약)의 경우, 5. 주의해야 할 발음과 6. 기타의 순서로 소개되고 있습니다.

이 책의 각 팝송에서 '* 영어 발음 제대로 듣거나 말하기' 코너에서 한글로 설명을 할 때 '가깝게 발음된다'라는 뜻은 한국말에는 없지만 영어로는 발음이 된다는 뜻입니다. 소리 내어 영어로 하면 제대로 발음할 수 있지만, 한글로 정확하게 표기할 수 없다는 뜻으로 이해하면 될 것입니다. 특히 영어에는 있지만 한국말에 없는 소리나 발음은 대부분의 한국 영어 학습자들은 제대로 교육을 받지 않으면 틀리는 경우가 대부분입니다.

pop song English essay ④

PART

마주 치는 팝송

Sweet Dreams

Sung by Beyonce

Turn the lights on!

Every night I rush to my bed
With hopes that maybe I'll get a chance to see you when I close my eyes
I'm going outta my head
Lost in a fairy tale
Can you hold my hands and be my guide

Clouds filled with stars cover your skies
And I hope it rains
You're the perfect lullaby
What kind of dream is this?

You can be a sweet dream or a beautiful nightmare
Either way I don't wanna wake up from you
(Turn the lights on!)
Sweet dream or a beautiful nightmare
Somebody pinch me, your love's too good to be true
(Turn the lights on!)

My guilty pleasure, I ain't going nowhere
Baby long as you're here
I'll be floating on air
'Cause you're my, you're my...
You can be a sweet dream or a beautiful nightmare
Either way I don't wanna wake up from you
(Turn the lights on!)

I mention you when I say my prayers
I wrap you around all of my thoughts

Boy you're my temporary high
I wish that when I wake up you're there
To wrap your arms around me for real
And tell me you'll stay by my side

Clouds filled with stars cover your skies
And I hope it rains
You're the perfect lullaby
What kind of dream is this?

You can be a sweet dream or a beautiful nightmare
Either way I don't wanna wake up from you
(Turn the lights on!)
Sweet dream or a beautiful nightmare
Somebody pinch me, your love's too good to be true
(Turn the lights on!)

My guilty pleasure I ain't going nowhere
Baby long as you're here
I'll be floating on air
'Cause you're my, you're my...
You can be a sweet dream or a beautiful nightmare
Either way I don't wanna wake up from you
(Turn the lights on!)

Tattoo your name across my heart
So it will remain
Not even death can make us part
What kind of dream is this?

You can be a sweet dream or a beautiful nightmare
Either way I don't wanna wake up from you
(Turn the lights on!)
Sweet dream or a beautiful nightmare
Somebody pinch me, your love's too good to be true
(Turn the lights on!)

My guilty pleasure, I ain't going nowhere
Baby, long as you're here
I'll be floating on air
'Cause you're my, you're my...
You can be a sweet dream or a beautiful nightmare
Either way I don't wanna wake up from you
(Turn the lights on!)

Either way I don't wanna wake up from you
Either way I don't wanna wake up from you
(Turn the lights out!)

달콤한 꿈들

비욘세의 노래

불 좀 켜봐!

매일 밤 난 내 침대로 뛰어들어
내가 눈을 감을 때 너를 볼 기회를 가질 것 같은 희망을 갖고
난 생각을 하게 되지
동화 세계 속에 빠진 채
네가 내 손을 붙잡고 내 안내자가 되어줄 수 있겠어

별들로 가득 채워진 구름이 너의 하늘을 가리고 있어
그래서 난 비가오길 바래
넌 완벽한 자장가야
이게 어떤 종류의 꿈일까?

넌 달콤한 꿈이거나 아름다운 악몽이 될 수도 있어
어느 쪽이든 난 너로부터 깨어나고 싶지 않아
(불 좀 켜봐!)
달콤한 꿈이거나 아름다운 악몽일지라도
누군가가 날 꼬집어, 네 사랑은 너무 좋아서 사실인 것 같지 않아
(불 좀 켜봐!)

나의 죄책감이 드는 즐거움, 난 아무데도 가지 않아
그대여, 네가 여기 있는 한
난 하늘을 날아다닐 것이야
왜냐하면 넌 나의, 넌 나의...
넌 달콤한 꿈이나 아름다운 악몽이 될 수도 있어
어느 쪽이든 난 너로부터 깨어나고 싶지 않아
(불 좀 켜봐!)

난 기도를 할 때 너를 언급하지
난 나의 모든 생각으로 널 덮어버리지
아 넌 나에게 일시적으론 최고야
난 내가 눈을 떴을 때 네가 거기 있으면 좋겠어
네 팔이 진심으로 날 감싸 줄 수 있도록
그리고 넌 내 옆에 머무를 거라고 말해조

별들로 가득 채워진 구름이 너의 하늘을 가리고 있어
그래서 난 비가오길 바래

넌 완벽한 자장가야
이게 어떤 종류의 꿈일까?

넌 달콤한 꿈이거나 아름다운 악몽이 될 수도 있어
어느 쪽이든 난 너로부터 깨어나고 싶지 않아
(불 좀 켜봐!)
달콤한 꿈이거나 아름다운 악몽일지라도
누군가가 날 꼬집어, 네 사랑은 너무 좋아서 사실인 것 같지 않아
(불 좀 켜봐!)

나의 죄책감이 드는 즐거움, 난 아무데도 가지 않아
그대여, 네가 여기 있는 한
난 하늘을 날아다닐 것이야
왜냐하면 넌 나의, 넌 나의...
넌 달콤한 꿈이거나 아름다운 악몽이 될 수도 있어
어느 쪽이든 난 너로부터 깨어나고 싶지 않아
(불 좀 켜봐!)

네 이름을 내 심장에 새기지
그러면 너의 이름이 남아 있겠지
죽음조차도 우릴 서로 갈라놓을 수 없어
이게 어떤 종류의 꿈일까?

넌 달콤한 꿈이거나 아름다운 악몽이 될 수도 있어
어느 쪽이든 난 너로부터 깨어나고 싶지 않아
(불 좀 켜봐!)
달콤한 꿈이거나 아름다운 악몽일지라도
누군가가 날 꼬집어, 네 사랑이 진실된 것이 너무 좋아
(불 좀 켜봐!)

나의 죄책감이 드는 즐거움, 난 아무데도 가지 않아
그대여, 네가 여기 있는 한
난 하늘을 날아다닐 것이야
왜냐하면 넌 나의, 넌 나의...
넌 달콤한 꿈이거나 아름다운 악몽이 될 수도 있어
어느 쪽이든 난 너로부터 깨어나고 싶지 않아
(불 좀 켜봐!)

어느 쪽이든 난 너로부터 깨어나고 싶지 않아
어느 쪽이든 난 너로부터 깨어나고 싶지 않아
(불 좀 꺼봐!)

* 영어 발음 제대로 듣거나 말하기

1) 이어지는 소리(연음)의 경우

(1) 약모음 이동

in a, be a, or a, arms around,

in a에서 a는 약모음 [ə]가 되어 앞 낱말 끝부분에 가서 붙어 '이너'로 발음된다. be a와 or a도 마찬가지 경우이다. arms around에서 around의 a는 약모음 [ə]가 되어 앞 낱말 끝부분에 가서 붙어 '암저 라운드'로 발음된다.

(2) 자음 이동

lights on, Lost in, kind of. wake up, all of,

lights on에서 lights의 s가 뒤에 있는 낱말 앞부분에 가서 붙어 '라이존'으로 발음된다. Lost in에서 Lost의 t가 뒤에 있는 낱말 앞부분에 가서 붙어 '로스틴'으로 발음된다. kind of에서 kind의 d가 뒤에 있는 낱말 앞부분에 가서 붙어 '카인더브'로 발음된다. kind of는 때로는 kind의 d가 앞의 콧소리 n을 닮아서 n이 되고 앞의 n이 탈락되기도 한다. wake up에서 wake의 e는 낱말 끝에 있기 때문에 약화되고 그 앞에 있는 k가 뒤에 있는 낱말 앞부분에 가서 붙어 '웨이컵'으로 발음된다. all of에서 all의 l은 뒤에 있는 낱말 앞부분에 가서 붙어 '올러브'로 발음된다. 이 경우 of는 기능어이기 때문에 [əv]나 [ə]로 발음된다.

2) 없어지는 소리(탈락)의 경우

outta, hold my, hands, and be, perfect lullaby, lullaby, ain't going, Tatto

outta에서 outta는 out of를 입말체 형식으로 표기한 것이다. 여기서 같은 철자인 tt는 철자가 겹치기 때문에 앞의 t는 탈락된다. Tatto도 마찬가지 경우이다. 그리고 outta는 아래에서 설명하는 바와 같이 닮는 소리의 단타음화 현상도 된다. 다른 예들은 다음과 같다.

I'm outta here!

(나 이제 가[여길 떠나!])

I'm outta money.

(난 돈이 떨어졌다.)

How did you get outta school?

(당신은 어떻게 학교 밖에 나갔나요?)

hold my에서 hold의 d는 자음 l과 자음 m 사이에 놓이기 때문에 탈락되어 '호울 마이'로 발음된다. 이와 같이 자음과 자음 사이에 놓이는 여섯 개의 파열음인 철자—k/g, p/b, t/d—가 탈락되는 예로 hands, and be, perfect lullaby와 ain't going이 해당 된다.

lullaby에서 ll의 l은 겹쳐서 나오는 철자이기 때문에 앞의 l은 탈락되어 '러러바이'로 발음된다. Tatto도 마찬가지 경우이다.

3) 닮는 소리(동화)의 경우

(1) 단타음화

get a, outta, beautiful,

get a에서 t가 강모음과 약모음 사이에 놓이면 단타음(單打音)으로 되어 t도, d도, r도 아닌 발음이 된다. get a는 '게러'에 가깝게 발음된다. 이 소리는 한글로 표기할 수 없으며 오직 소리로만 익힐 수밖에 없다. 특히 미국영어(American English)에서 두드러진 현상이다. beautiful도 마찬가지 경우이다.

outta는 out of의 입말체이기 때문에 전치사 of는 일반적으로 [əv]나 f가 탈락되어 [ə] 로 발음된다. 그러니까 out의 t가 약간 강한 모음 u와 뒤에 약한 모음 o[ə] 사이에 놓이기 때문에 단타음화 된다. 따라서 '아우러'에 가깝게 들린다.

4) 줄어진 소리(축약)의 경우

I'll, I'm, You're, don't, love's, you're, ain't, 'Cause, you'll

도우미동사(조동사)의 경우인 I'll와 you'll, be 동사의 경우인 I'm, You're, love's와 you're, 부정형인 don't와 ain't가 있다. 이 가운데 I'll과 you'll에서 'll이 한국인이 발음하기에 가장 힘든 예이다. 그 이유는 'll은 will의 줄인 형태인데 'll'이 한국어에 없는 발음으로, 'l'은 혀를 입천장에 붙여서 소리를 내야 하는데, 한국어에는 이렇게 소리를 내는 것이 없기 때문이다.

'Cause는 Because의 줄어진 형태이다.

5) 주의해야 할 발음

skies, dream, true, What, when, stay

skies와 stay에서 s+k/p/t가 되면 된소리에 가깝게 소리가 난다. 대부분 k/p/t가 들어간 낱말은 h가 들어가는 소리를 내게 되는데, s+k/p/t의 경우는 h 소리가 들어가지 않고 된소리에 가깝게 발음된다. 그러니까 skies는 '스까이즈'에 가깝게, stay는 '스떼이'에 가깝게 발음된다.

dream에서 'dr~'의 발음은 '드'와 '주'의 중간쯤 되는 소리로 '쥬'에 가깝게 발음된다. 따라서 dream은 '드림'이라기 보다 '쥬림'에 가깝게 발음된다.

true에서 'tr~'의 발음은 '츠'와 '추'의 중간쯤 되는 소리로 '츄'에 가깝게 발음된다. true는 '트루'라기 보다 '츄루'에 가깝게 발음된다.

What과 when에서 wh~로 시작되는 낱말은 'w' 뒤에 있는 'h'의 소리가 보통 들리지 않는다. 그러니까 What은 '홧'이라기 보다 '왓'에 가깝게, when은 '휀'이라기 보다 '웬' 에 가깝게 발음된다. 그러나 사람과 관련된 who, whose와 whom은 예외로 'h' 소리가 그대로 난다.

6) 기타

wanna

wanna는 허물없이 발음하는 경우의 예이다. wanna는 want to인데 입말체에서 '완터투'로 발음하지 않고 '와너'로 발음하고, want to로 표기가 되어 있더라고 말을 할 때는 wanna로 발음하는 경우가 대부분이다. want to에서 wanna로 바뀌는 과정은 '팝송 영어 소리를 제대로 듣는 요령'에 나와 있는 설명을 참고하기 바란다.

* 팝송에 들어 있는 쓸모 있는 영어 표현들

1. Turn the lights on: **turn on**은 1) '(전기 · 가스 · 수도 등을) 켜다', 2) '~에 달려 있다', 3) '(기습적으로) ~를[을] 공격하다[~에게 달려들다]', 4) '(특히 성적으로) ~의 흥미를 끌다[~를[을] 흥분시키다]'와 5) '~에게 (~에 대해) 관심을 갖게 하다[(~을) 시도해 보게 하다]'라는 뜻으로 쓰인다. 이 노래에서는 1)의 뜻으로 쓰이고 있다.

   1)의 예문들은 다음과 같다.

   Would you mind if I **turn on** the TV?
   (텔레비전을 켜도 될까요?)
   I wish I knew how to turn on the heating.
   (내가 난방 장치를 켜는 방법을 알면 좋겠는데.)
   A: I feel like some music. Can I turn on the stereo?
   B: Suit yourself.
   (A: 저가 음악이 듣고 싶은데 전축 좀 틀어도 될까요?
   B: 좋으실 대로 하세요.)

   2)의 예문들은 다음과 같다.

   The decision **turned on** a single fact.
   (그 결정은 하나의 사실에 달려있었다.)

Much **turns on** the outcome of the current peace talks.

(많은 것이 현 평화 회담의 결과에 달려 있다.)

The whole thing turns on the scarcity and the allocations.

(모든 것은 할당량과 결핍에 달려 있다.)

3)의 예문들은 다음과 같다.

He tried to **turn** the gun **on** me.

(그는 나에게 총을 겨누려고 했다.)

They actually didn't turn on me.

(그들은 사실은 나를 공격하지 않았었다.)

The dogs suddenly turned on each other.

(그 개들이 갑자기 서로에게 달려들었다.)

4)의 예문들은 다음과 같다.

You **turn** me **on** so much.

(넌 날 아주 흥분시켜.)

Jazz has never really turned me on.

(재즈는 진정으로 내 흥미를 끈 적이 한 번도 없다.)

She sure turns me on when she smiles.

(정말 쟤는 웃을 때 보면 정말 날 흥분시켜.)

5)의 예문들은 다음과 같다.

He **turned** her **on** to jazz.

(그가 그녀로 하여금 재즈에 관심을 갖게 했다.)

That idea doesn't turn me on.

(그 생각은 별로 내키지 않는데요.)

He really knows how to turn on the charm.

(그는 진정으로 매력을 발휘할 줄 안다.)

2. I'm going outta my head: **outta**는 out of를 입말체로 표기한 것이다. 그러니까 일반적으로 out of는 from(…에서)와 거의 같은 뜻으로 쓰인다. 그러니까 이 글은

'나는 내 머리에서 가고 있다'로 옮겨질 수 있는데, 뒤에 나오는 Lost in a fairy tale과 연결을 지어 생각해 보면 내가 '동화 같은 세계 속에 빠져'서 딴 생각을 하고 있다는 것을 뜻한다.

3. Either way I don't wanna wake up from you: **either way**는 '(둘 가운데) 어느 쪽이든'이란 뜻이다. 예문들은 다음과 같다.

Don't let me influence you **either way**.
(어느 쪽으로든 나의 영향을 받지[내 생각에 구애되지] 않기를 바래요.)

Is there any hard evidence either way?
(어느 쪽으로든 무슨 명백한 증거가 있습니까?)

Was it his fault or not? Either way, an explanation is due.
(그게 그의 잘못이었나 아니었나? 어느 쪽이든 해명은 있어야 해.)

4. Somebody pinch me, your love's too good to be true: **pinch**는 '(손가락으로) 꼬집다, (엄지와 다른 손가락으로) 꼭 집다, (두 물체 사이에) 죄다'라는 뜻이다. 예문들은 다음과 같다.

I'd **pinch** his buns and kiss his neck.
(나는 그의 엉덩짝을 꼬집고 목에 키스를 했다.)

These boots are too tight, and they pinch my toes.
(구두가 빡빡해서 내 발가락을 죈다.)

She had to pinch herself to make sure she was not dreaming.
(그녀는 자기가 꿈을 꾸고 있는 건 아닌지 확인하기 위해 자기 몸을 꼬집어 보아야 했다.)

your love's too good to be true에서 **too ~ to …**의 구문은 '너무 …해서 ~할 수 없다'라는 뜻으로 so … that 주어 can't/couldn't~로 바꾸어 쓸 수 있다. 그렇지만 '…하기에는 너무 ~한'이 훨씬 더 나은 표현이고, 이 구문을 해석하는데 있어도 두루 적용될 수 있다. 예문들은 다음과 같다. 이 경우 too는 '너무 (…한)'이란 뜻이다.

I'm **too** tired even **to** think,

(난 너무 피곤해서 생각도 못 하겠어.)

The problem is too difficult to solve.

(그 문제는 너무 어려워서 풀 수가 없다.)

He was too proud to ask his family for help and support.

(그는 식구들에게 도움과 원조를 청하기에는 너무 자존심이 셌다.)

5. I ain't going nowhere: 여기서 **ain't**는 be+not(am/are/is+not의 줄인형(단축형)이거나 have/has+not의 줄인형이다. 이 노래에서 ain't는 am not과 같다. 예문들은 다음과 같다.

I **ain't**[= am not] ready.

(난 준비가 되지 않았다.)

You ain't[= are not] coming.

(너는 오지 않을 게다.)

Things ain't[=are not] what they used to be.

(사정이 이전과는 다르다.)

I **ain't**[= haven't] done it.

(나는 그것을 하지 못했다.)

Pick up the speed we ain't got all day!

(속도 좀 내라 시간이 없어!)

Takin' me places I ain't never been.

(한 번도 가보지 못한 곳에 날 데려가 주기도 했으니까요.)

go nowhere는 1) '아무 성과[진전]를 못보다/~에게 아무런 성과[진전]을 못 보게 하다', 2) '(…에) 성공하지 못하다, (…이) 효과가 없다'와 3) '갈 곳이 없다'라는 뜻으로 쓰인다. 이 노래에서는 3)의 뜻으로 쓰이고 있다.

1)의 예문들은 다음과 같다.

Why does this seem to **go nowhere**?

(왜 이것이 진전이 없어 보이죠?)

She's going nowhere at that company.

(그녀는 그 회사에서 어떤 성과도 거두지 못하고 있다.)

We discussed it all morning but got nowhere.

(우리는 그것을 오전 내내 논의했지만 아무 진전이 없었다.)

2)의 예문들은 다음과 같다.

He **went nowhere** after all.

(그는 결국 성공하지 못했다.)

You will get nowhere in this world by feeling sorry for yourself.

(당신은 자신에게 연민을 느낌으로써 이 세상에서 성공하지 못할 것이다.)

This 'What would you like to talk about?' approach is going no where.

('너는 무슨 말을 하고싶으냐?'와 같은 이런 접근방식은 성공하지 못할 것이다.)

3)의 예문들은 다음과 같다.

Jenny and I aren't **going nowhere**.

(제니와 나는 아무데도 가지 않아.)

During monsoon season, the heavy rain had nowhere to go.

(장마철에는 폭우가 빠져나갈 곳이 없었다.)

And our hero, Harry, goes nowhere without Ron and Hermione.

(그리고 우리의 영웅 해리도 론과 허미언 없이는 어디에도 가지 않습니다.)

6. I'll be floating on air: **float/walk on air**는 '(너무 좋아서) 하늘을 날 것만 같다[구름 위를 걷는 것 같다], (허공에 붕붕 떠다니듯) 들떠있다(=be elated) '라는 뜻이다. 예문들은 다음과 같다.

I felt like I was **floating on air**.

(나는 공중을 둥둥 떠다니는 기분이었다.)

She came to my house floating on air.

(그녀는 들뜬 채 나의 집으로 들어왔다.)

It was a curious feeling, as though we were floating on air.

(그것은 기이한 느낌으로 우리가 마치 공중을 떠다니는 것 같았다.)

7. I wrap you around all of my thoughts: 이것은 글자 그대로 '내가 당신을 온통 내 생각으로 감싸고 있다'는 뜻인데, 달리 비유적으로 표현하면 '나는 온통 당신 생각뿐이야'로 이해하면 될 것이다. **wrap**은 '(포장지 등으로) 싸다, 포장하다, (보호 등을 하기위해) 싸다, (무엇의 둘레를 단단히) 두르다'라는 뜻이다. 예문들은 다음과 같다.

His arms were **wrapped** around her waist.

(그는 두 팔을 그녀의 허리에 두르고 있었다.)

The hose is wrapped around the man's leg.

(고무호스가 남자의 다리를 둘둘 감고 있다.)

She was sitting in an armchair with blankets wrapped around her.

(그녀는 담요를 둘러 감고 안락의자에 앉아 있었다.)

8. Boy you're my temporary high: **Boy**는 '소년, 남자[사내] 아이'라는 뜻이 아니라 감탄사로서 '어머나, 맙소사'라는 뜻으로 쓰인다. 여기서는 감탄사로서 '아' 정도로 이해하면 될 것 같다. 예문들은 다음과 같다.

Boy, it sure is hot!

(맙소사, 날씨 정말 덥군?)

Oh boy! That's great!

(야, 이거! 정말 굉장해요!)

Oh boy! what resourceful children I have.

(와! 내 아이들은 정말 기지가 풍부한 것 같아.)

여기서 **high**는 일반적으로 쓰이는 '높은'이라는 형용사가 아닌, '최고'라는 명사이다. 따라서 Boy you're my temporary high는 '아 넌 나에게 일시적으론 최고야'로 옮길 수 있다.

9. To wrap your arms around me for real: **for real**은 '진짜의[진심의]'라는 뜻이다. 이 노래에서는 '진심으로'로 이해하면 될 것이다.
예문들은 다음과 같다.

This is not a fire drill—it's **for real**.
(이것은 화재 훈련이 아닙니다. 진짜[실제] 상황입니다.)
He managed to convince voters that he was for real.
(그는 유권자들에게 자기가 진심임을 납득시키는 데 성공했다.)
The change in government is more for show than for real.
(정부 내의 변화는 실질적이기보다는 과시하기 위한 것이다.)

10. Tattoo your name across my heart: tatoo는 명사로 '문신'이나 '(군대의) 분열 행진'이란 뜻으로 쓰인다. 그런데 이 노래에서 **tatoo**는 동사로 '문신을 새기다'라는 뜻이다. 예문으로 다음과 같다.

His shoulder was **tattooed** with a heart.
(그의 어깨에는 하트 모양의 문신이 새겨져 있었다.)
He had a heart tattooed on his shoulder.
(그는 (사람을 시켜서) 어깨에 하트 모양의 문신을 새겼다[그는 어깨에 하트 모양의 문신이 있었다])
In the old days, they would paint and tattoo their bodies for
(옛날에는, 의식을 위해 몸에 그림을 그리고 문신을 새기곤 했다.)

기억할 만한 영어 문장

1. I mention you when I say my prayers.
(나는 기도를 할 때 너를 언급하지.)
2. I wrap you around all of my thoughts.
(나는 나의 모든 생각으로 널 덮어버리지.)
3. Can you hold my hands and be my guide?
(네가 내 손을 붙잡고 내 안내자가 되어줄 수 있겠어?)

* 팝송 에세이

우리에게 꿈은 무엇일까? 현실에서 충족되지 않은 그 무엇이 꿈을 통해 나타날까? 아니면 아무 의미도 없는 헛된 망상이 꿈에 나타난 것일까? 아직까지 이런 것들이 꿈을 해석하는 열쇠 역할을 하는지는 알기 어렵다. 프로이드를 비롯한 많은 심리학자들이 꿈을 해석하기 위한 연구와 탐구의 열정을 보여 왔지만 여전히 꿈에 대한 올바른 해석을 하지 못하고 있는 실정이다.

그렇지만 우리는 꿈이 현실에서 이루어지기 힘든 그 무엇이 실현될 수 있을 것 같은 기대를 갖고 있는 가상의 세계라고 할 수 있다. 그 가상의 세계를 그려보면서 현실에서의 도피나 탈출 또는 심리적 보상을 바란다. 이것은 현실에서의 실현 가능성이 적거나 아쉬움이 많이 남을 때 무의식적으로 인간이 갈구하는 또 다른 세계일 것이다.

이 노래에서 반복되고 있는 가사 "넌 달콤한 꿈이거나 아름다운 악몽이 될 수도 있어 / 어느 쪽이든 난 너로부터 깨어나고 싶지 않아"는 달콤한 사랑의 속삭임도 있을 수 있고, 사랑으로 인한 고통이나 아픔이 뒤따를 수도 있지만 사랑하는 대상과 함께 있고 싶다는 간절한 바람을 그대로 표현한다고 볼 수 있다. 어쩌면 사랑은 사랑하는 사람과 함께 하고 싶은 의식적이거나 무의식적인 욕구가 사랑의 밑바탕을 차지하고 있는지도 모른다. 둘이 아닌 하나됨, 서로 다른 이질적 요소가 연금술의 힘으로 하나의 새로운 제품이 되어 나오듯이, 둘이 하나가 되고 싶은 간절한 욕망이 사랑의 속성인지도 모를 일이다. 때로는 다른 사람들이 두 사람의 사랑을 부러워하지 않고 시샘하거나 질투하는 경우도 있긴 하겠지만 진실한 사랑을 나누는 연인들은 그저 좋다는 현실감만이 아닌 다른 세계에 있는 듯한 기분을 느끼게 될 것이다. 현실과는 다른 어떤 사랑의 세계는 어찌 생각해보면 꿈속의 세계가 아닐까? 그 꿈이 달콤하게 느껴지는 훨씬 더 사랑의 느낌도 좋으리라.

Angel

Sung by Sarah McLachlan

Spend all your time waiting
For that second chance
For a break that would make it okay
There's always some reason
To feel not good enough
And it's hard at the end of the day
I need some distraction or beautiful release
Memories seep from my veins
Let me be empty or weightless and maybe
I'll find some peace tonight

In the arms of the angel
Far away from here
From this dark, cold hotel room
And the endlessness that you feel
You are pulled from the wreckage of your silent reverie
You're in the arms of the angel
May you find some comfort here

So tired of the straight line
And everywhere you turn
There's vultures and thieves at your back
The storm keeps on twisting
Keep on building the lies
That you make up for all that you lack
It don't make no difference
Escape one last time
It's easier to believe
In this sweet madness
Oh this glorious sadness
That brings me to my knees

In the arms of the angel
Far away from here
From this dark, cold hotel room
And the endlessness that you feel
You are pulled from the wreckage of your silent reverie
You're in the arms of the angel
May you find some comfort here
In the arms of the angel
May you find some comfort here

천사

새러 맥라크런의 노래

당신의 모든 시간을 보내세요
또 다른 기회가 오길 기다리면서
상황이 좋아지길 기회를 기다리면서
항상 몇 가지 이유가 있지요
좋다는 것을 충분히 느끼지 못할
그리고 하루가 끝날 때 쯤이면 너무 힘들어요
난 얼마간의 기분 풀이나 현실로부터의 멋진 탈출이 필요해요
머릿속에서는 여러 기억들이 떠오르네요
날 편안히 아무 생각 없이 있게 놔두세요 그리고 아마도
오늘밤 난 마음의 평화를 얻을 수 있을 거예요

천사의 품속에 안겨
여기 이곳에서 멀리에 있는
어둡고 차가운 호텔방으로부터
그리고 그대가 느끼는 막막함으로부터
당신은 당신의 소리 없는 몽상으로의 무서움으로부터 벗어나서
당신은 천사의 품에 안겨 있어요
당신이 여기서 조금이나마 평안을 찾길 바랄 게요

곧은 길만을 고집하는 삶이 너무 싫증이 나고
그리고 조금씩 다른 길로 접어들 때마다
당신 등 뒤엔 탐욕의 무리들과 도둑들이 노리고 있군요
폭풍우는 계속 심해져 가고
계속 거짓말을 반복하고 있어요
당신의 부족함을 보충하려고
그건 전혀 문제되지 않아요
마지막 한 번의 위기를 모면하세요
믿는 게 차라리 더 쉬울 거예요
이 달콤한 미친 행동에서
아 이 이 찬란한 슬픔은
이렇게 날 굴복시키는 군요

천사의 품속에 안겨
여기 이곳에서 멀리에 있는
어둡고 차가운 호텔방으로부터
그리고 그대가 느끼는 막막함으로부터
당신은 당신의 소리 없는 몽상으로의 무서움으로부터 벗어나서

당신은 천사의 품에 안겨 있어요
여기서 조금이나마 평안을 찾길 바랄 게요
천사의 품에 안겨서
여기서 조금이나마 평안을 찾길 바랄 게요

* 영어 발음 제대로 듣거나 말하기

1) 이어지는 소리(연음)의 경우

(1) 약모음 이동

Far away

Far away에서 away의 a는 약모음 [ə]가 되어 앞 낱말 끝부분에 가서 붙어 '화러 웨이'이 가깝게 발음된다.

(2) 자음 이동

Spend all, make it, end of, arms of, wreckage of, keeps on, make up

Spend all에서 Spend의 자음 d가 뒤에 있는 낱말 앞부분에 가서 붙어 '스펜돌'로 발음된다. make it에서 make의 e는 낱말 끝에 있기 때문에 약화되고 그 앞에 있는 k가 뒤에 있는 낱말 앞부분에 가서 붙어 '메이킷'으로 발음된. end of에서 end의 자음 d가 뒤에 있는 낱말 앞부분에 가서 붙어 '엔더브'로 발음된다. 이 경우 of는 기능어이기 때문에 [əv]나 [ə]로 발음된다. arms of와 wreckage of도 마찬가지 경우이다. keeps on에서 keeps의 자음 s가 뒤에 있는 낱말 앞부분에 가서 붙어 '킵선'으로 발음된다. make up에서 make의 e는 낱말 끝에 있기 때문에 약화되고 그 앞에 있는 k가 뒤에 있는 낱말 앞부분에 가서 붙어 '메이컵'으로 발음된다.

2) 없어지는 소리(탈락)의 경우

second chance, would make, at the, Memories seep, empty, weightless, weightless, and maybe, find some, dark cold, And the, endlessness, pulled from, silent reverie, straight line, don't make, last time

second chance에서 second의 d는 자음 n과 chance의 자음 c 사이에 놓이기 때문에 탈락되어 '세컨 챈스'로 발음된다. 이와 같이 자음과 자음 사이에 놓이는 여섯 개의 파열음인 철자—k/g, p/b, t/d—가 탈락되는 예로 would make, empty, weightless, and maybe, find some, dark cold, endlessness, silent reverie, straight line, straight line과 don't make가 해당된다.

at the에서 at의 t는 뒤에 나오는 the의 th 발음 [ð]와 비슷하기 때문에 t는 탈락되어 '애더'에 가깝게 발음된다.

Memories seep에서 Memories의 s는 잇달아 나오는 seep의 s와 철자가 같기 때문에 앞의 s가 탈락되어 '메모리 십'으로 발음된다. weightless, endlessness와 last time도 마찬가지 경우이다.

And the에서 And의 d가 the의 th 발음 [ð]와 비슷하기 때문에 d가 탈락되어 '앤더'로 발음된다.

pulled from에서 pulled의 ed 발음 [d]가 앞의 자음 l과 from의 자음 f 사이에 놓이기 때문에 탈락되어 '풀훠럼'에 가깝게 발음된다. 이것은 자음과 자음 사이에 놓이는 여섯개의 파열음인 철자—k/g, p/b, t/d—가 놓이면 탈락되는 경우이다.

3) 닮는 소리(동화)의 경우

(1) 단타음화

waiting, beautiful, tired of

waiting에서 t가 강모음과 약모음 사이에 놓이면 단타음(單打音)으로 되어 t도, d도, r도 아닌 발음이 된다. waitinge은 '웨이링'에 가깝게 발음된다. 이 소리는 한글로 표기할 수 없으며 오직 소리로만 익힐 수밖에 없다. 특히 미국영어(American English)에서 두드러진 현상이다. beautiful도 마찬가지 경우이다.

tired of에서 전치사 of는 일반적으로 [əv]나 f가 탈락되어 [ə]로 발음된다. 그러니까 tired의 d가 강한 모음 i와 뒤에 약한 모음 o[ə] 사이에 놓이기 때문에 단타음화 된다. 따라서 '타이어러브'에 가깝게 발음된다.

(2) 구개음화

that you, at your

that you에서 that의 t[t]와 you의 y[j]가 합쳐지면 서로 닮아서 [tʃ]로 바뀌어 '대츄'에 가깝게 발음된다. 이런 현상은 영국영어(British English) 보다 미국영어 (American English)에서 자주 나타나는 현상이다. at your도 마찬가지 경우이다.

(3) 비음화

And

미국영어(American English)의 경우 And에서 d가 바로 앞에 있는 콧소리[비음] n 을 닮아서 n으로 되었다가, n이 겹치기 때문에 앞의 n이 탈락되어 '앤'으로 발음된다. 그런데 영국영어(British English)에서는 d를 그대로 발음하는 경우가 대부분이다.

(4) 역행동화

Let me

Let me에서 Let의 t는 바로 뒤에 나온 me의 m을 닮아 t가 m으로 바뀌어 Lemme로 표기하기도 하지만, 발음은 대부분 '레미'로 발음된다.

4) 줄어진 소리(축약)의 경우

There's, it's, I'll, You're, don't

be 동사의 경우인 There's, it's와 You're, 도우미동사(조동사)의 경우인 I'll, 부정형인 don't가 있다. 이 가운데 I'll에서 'll이 한국인이 발음하기에 가장 힘든 예이다. 그 이유는 'll은 will의 줄인 형태인데 'll'이 한국어에 없는 발음으로, 'l'은 혀를 입천장에 붙여서 소리를 내야 하는데, 한국어에는 이렇게 소리를 내는 것이 없기 때문이다.

5) 주의해야 할 발음

storm

storm에서 s+k/p/t가 되면 된소리에 가깝게 소리가 난다. 대부분 k/p/t가 들어간 낱말은 h가 들어가는 소리를 내게 되는데, s+k/p/t의 경우는 h 소리가 들어가지 않고 된소리에 가깝게 발음된다. 그러니까 storm은 '스똠'에 가깝게 발음된다.

* 팝송에 들어 있는 쓸모 있는 영어 표현들

1. Spend all your time waiting: spend는 "(돈을) 쓰다. (시간을) 보내다, (에너지 · 노력 등을) 들이다'라는 뜻이다. spend는 타동사로 목적어를 필요로 한다. 그 목적어가 시간, 돈이나 노력이 되는 것이다. 시간을 쓰는 경우에 시간 뒤에 in을 넣기도 하고 빼기도 한다. 예문들은 다음과 같다.

   She **spent** money in **doing** the laundry.
   (그녀는 세탁 하는데 돈을 썼다.)
   I spend most of my working day sitting at a desk.
   (나는 근무 시간대의 대부분을 책상에 앉아서 보낸다.)
   I flatly refused to spend any more time helping him.
   (나는 그를 돕는 데 조금이라도 더 시간을 쓰는 것을 단호히 거부했다.)

2. For that second chance: second chance는 '또 다른 기회, (제대로 할 수 있는) 다시 한 번의 기회'라는 뜻이다. 일반적으로 second chance는 a second chance로 쓰인다. 예문들은 다음과 같다.

   Please give me a **second chance**.
   (저에게 다시 한 번 기회를 주세요.)
   I begged her to give me a second chance.
   (한 번만 더 기회를 달라고 나는 그녀에게 애원했다.)
   Everyone deserves a second chance, no matter who they are.
   (그들이 어떤 사람이든 간에, 모든 사람은 다시 한 번 기회를 얻을 자격이 있다.)

3. Let me be empty or weightless and maybe: **empty**는 '비어 있는, 빈, 공허한, 무의미한'이란 뜻이다. **weightless**는 '무게가 없는 (듯한), 무중력의'라는 뜻이다. 그러니까 Let me be empty or weightless and maybe는 내가 편하게 존재가 없는 듯이 보아달라는 부탁이라고 할 수 있다.

4. You are pulled from the wreckage of your silent reverie: **wreckage**는 '잔해'라 는 뜻이고, **reverie**는 '몽상, 공상, 환상'이란 뜻이다. 이 글은 '당신이 당신의 조용한 몽상의 잔해로부터 끌어당겨지거나 뽑혀진다'는 것은 '당신이 몽상의 잔해에서 벗어나서'라는 뜻이다.

5. So tired of the straight line: **tired of**는 '…에 진절머리가 난. ~에 싫증나다'라는 뜻이다. 예문들은 다음과 같다.

She grew **tired of** the sameness of the food.
(그녀는 음식이 똑같은 것에 싫증이 났다.)
They soon tired of the beach and went for a walk.
(그들은 곧 해변에 싫증을 느끼고 산책을 하러 갔다.)
I am sick and tired of hearing all these people moaning.
(나는 이 사람들의 신음 소리를 듣는 것도 이제 지긋지긋하다.)

straight line은 '곧은 길, 직선, 일직선'이란 뜻이다. 이 노래에서는 글자 그대로의 뜻이 아닌 여유를 갖지 않고 곧장 목표를 향해 나아가는 삶 등을 비유적으로 표현하고 있다. 예문들은 다음과 같다.

Walk in a **straight line**.
(일직선으로 걸으시오.)
Keep the boat in a straight line.
(보트를 똑바로 몰아라.)
Just keep going in a straight line; you can't miss it.
(그냥 가시던 방향으로 계속 곧장 가세요. 꼭 찾으실 수 있을 거예요.)

6. There's vultures and thieves at your back: **vulture**는 '독수리, 콘도르, 남의 불행을 이용해 먹는 자'라는 뜻이다. 예문들은 다음과 같다.

Vultures had pecked out the dead goat's eyes.

(독수리들이 죽은 염소의 눈을 쪼아 내 버린 상태였다.)

He rounded on journalists, calling them 'a pack of vultures'.

(그가 기자들에게 버럭 화를 내며 그들을 '탐욕스러운 무리'라고 불렀다.)

With no buyer in sight for the company as a whole, the vultures started to circle.

(회사 전체를 구매하려는 사람이 전혀 나서지 않는 상황에서 남의 불행을 이용해 먹는 그 사기꾼들이 주위에 모여들기 시작했다.)

at one's back은 '누구의 등 뒤에, 누구의 배후에'라는 뜻이다. 예문들은 다음과 같다.

He had the sun **at his back**.

(그는 해를 등지고 있었다.)

He felt that people were looking daggers at his back.

(그는 사람들의 따가운 시선이 등 뒤에 꽂히는 것을 느꼈다.)

The congressman has the ABC's president at his back.

(그 하원의원은 에이비시회사 사장을 배후에 두고 있다.)

7. The storm keeps on twisting: **keep on twisting**에서 keep on ~ing는 '(~을[를]) 계속하다[반복하다], ~을[를] 계속해서 ~하다'라는 뜻이다. 같은 뜻으로 keep ~ing도 함께 쓰인다. 그런데 쓰이는 등장 횟수로 보면 keep ~ing의 경우가 더 많은 것 같다. 예문들은 다음과 같다.

We'll **keep on running**.

(우리는 계속 달릴 예정입니다.)

Why do you keep on insisting?

(왜 자꾸 고집을 부리시는 겁니까?)

Did he give up or keep on trying?

(그가 포기했니 아니면 계속 시도했니?)

8. That you make up for all that you lack: **make up for**는 '(잘못된 상황을 바로잡을 수 있도록) 벌충[만회]하다, ~에 대해 (~에게) 보상하다, 보전하다'라는 뜻이다. 예문들은 다음과 같다.

Nothing can **make up for** the loss of a child.
(그 무엇도 잃어버린 자식을 대신할 수는 없다.)

How can I make up for the way I've treated you?
(어떻게 해야 내가 당신에게 한 처사에 대한 보상이 될까요?)

She tried to make up for her shabby treatment of him.
(그녀는 그를 부당하게 대한 것을 보상해 주려고 했다.)

9. It don't make no difference: **make no difference**는 1) '차이가 없다, 문제가 아니다'와 2) '(!에) 영향이 없다'라는 뜻으로 쓰인다. 이 노래에서는 1)의 뜻으로 쓰이고 있다. 원래는 It doesn't make any difference나 It makes no difference인데, 그냥 It don't make no difference나 It ain't no difference도 함께 쓰인다.

1)의 예문들은 다음과 같다.

Oh, it don't **make no difference** no more.
(아, 그건 더 이상 문제되지 않아요.)

The disparity in their ages made no difference at all.
(그들의 나이차는 전혀 문제되지 않았다.)

It makes no difference whether you are a boy or a girl.
(당신이 소년이건 소녀이건 차이가 없다.)

2)의 예문들은 다음과 같다.

That **makes no difference** in my plans.
(그런 일이 있어도 내 계획에는 별 영향이 없다.)

The rain didn't make no difference to the game.
(비가 와도 그 경기에는 아무런 영향을 주지 않았다.)

You are cited as agreeing that the ultrasound images made no fundamental difference to the scientists' understanding of neuroscience.

(과학자가 신경 과학을 이해하는 데 초음파 영상이 본질적 영향을 미치지 않았음에 동의하는 예로 당신이 거론되었습니다.)

기억할 만한 영어 문장

1. You're in the arms of the angel.

   (당신은 천사의 품에 안겨 있어요.)

2. May you find some comfort here.

   (여기서 조금이나마 평안을 찾길 바랄 게요.)

3. I need some distraction or beautiful release.

   (나는 얼마간의 기분 풀이나 현실로부터의 멋진 탈출이 필요해요.)

* 팝송 에세이

인간의 삶에는 눈앞에 꽃길만 펼쳐져 있는 것이 아닐 것이다. 혼자만의 삶에 있어서도 고난이 삶의 대부분을 차지하고 가끔 기쁨이나 환희가 찾아오는 것이 아닐까? 힘들고 고된 시간이 이어지고, 믿었던 사람들이 거짓말을 하고, 나를 이용하려 하고, 나의 말과 행동을 믿지 않는 경우에는 우리는 어디론가 훌쩍 떠나고 싶은 심정이 일어날 수 있다. 훌쩍 떠나는 그곳이 단지 이곳이 아닌 그곳이나 또 다른 곳이라도 크게 개의치 않을 것이다. 이런 경우 단순히 또 다른 장소가 필요하긴 하지만 더욱 필요한 것은 우리는 마음을 치유해줄 수 있을 것 같은 대상을 찾아 나서야 할 것이다. 우리의 모든 것은 솔직하게 드러낼 수 있는 편안한 존재, 무엇을 숨길 필요가 없을 정도로 훤히 우리의 마음을 알고 있을 것 같은 존재, 그 존재에 그냥 내 몸과 마음을 기대면서 맡기고 싶은 바람은 일어날 수 있다. 그런데 그런 존재가 있긴 하겠지만, 어떻게 그런 존재를 찾을 수 있을지 우리가 쉽게 알 수 있는 것은 아니다. 뭉뚱거려 그런 존재를 천사라고 이야기하고 싶을 수도 있다.

천사의 역할을 맡은 존재가 할 수 있는 것에 무엇이 있을까? 그냥 천사는 그/그녀에게 찾아 온 사람에게 함께 있어주는 것만으로 시간이 지나가면서 찾아 온 사람의 여러 가지 고민거리는 사라지지 않을까? 이런 존재를 찾기가 쉽지 않은 경우에는 일단 지금 자신이 있는 장소에서 벗어나는 것이 필요하다. 가만히 있지 말고 일단 발걸음을 옮겨보아야 할 것이다. 같은 장소에 묶여 있게 되면 자신이 안고 있는 고민거리에 빠져서 벗어날 수 없다. 어쩌면 그 고민이 더 깊어질 수도 있다. 주변으로 가벼운 산책도 좋고, 가까운 곳을 찾아 나서는 여행도 좋고, 일단 현재의 상황에서 벗어날 수 있는 방법은 행동으로 옮기는 것이다.

이 노래에서 모순어법으로 표현되는 '달콤한 미친 행동'이나 '찬란한 슬픔'은 '달콤한'이나 '찬란한'에 방점이 찍히는 게 아니라 '미친 행동'과 '슬픔'이 더 강조되는 것이다. 따라서 그만큼 자신의 행동 방향은 흐트러질 수 있고 마음의 상처는 깊어질 수 있는 것이다. 이럴 경우 더 강렬하게 천사를 찾게 되지 않을까?

★ 덧붙이는 글 ★

영화 『천사의 도시』(*City of Angels*)의 오리지널 사운드 트랙(OST)이다.

Let me be empty or weightless and maybe의 가사에서 or를 oh 또는 and로 소개하는 경우가 많은데 문맥상으로 보면 or이 되어야 한다. 그 이유는 empty가 형용사이기에 그 뒤에 나오는 weightless도 형용사이기 때문에 문법 용어로 일치(agreement)이기 때문이다.

Far away from here에서 Far를 Fly로 소개된 가사가 있고, 새러 맥러크런이 노래도 그런 소리로 들리는 듯 하지만 의미상으로 Far가 옳다고 볼 수 있다. 그 이유는 천사가 이 곳 즉, 지상으로부터 멀리 떨어져 있는 존재로 볼 수 있기 때문이다.

Still With You

Sung by Eric Benet

Heaven knows what you've been through
So much pain
Even though you can't see me
I'm not far away
We always say if one of us
Somehow went away
We'd light a candle and say a prayer
Know that love still remains

Close your eyes, go to sleep
Know my love is all around you
Dream in peace, when you wake
You will know I'm still with you

Live your life from this day on
And love again
I know you'd do the same for me
That's the way that love is supposed to be

Close your eyes, go to sleep
Know my love is all around you
Dream in peace, when you wake
You will know I'm still with you

When you feel those lonely teardrops
Rolling down your face
Just know my love watches over you
Always, always

Close your eyes, (and) go to sleep
Know my love is all around you

Dream in peace, when you wake
You will know I'm still with you

Close your eyes, go to sleep
Know my love is all around you
Dream in peace, when you wake
You will know I'm still with you
I'm still with you

당신 곁에 여전히 있음을

에릭 버넷의 노래

천국은 당신이 겪어온 걸 알아요
상당한 고통을
당신은 날 볼 수 없어도
난 멀리 있지 않아요
우리는 항상 말했죠 우리 가운데 한 명이
설령 어딘가로 떠난다 할지라도
우리는 초를 켜고 기도할 거라고
아직 사랑이 남아있다는 걸 알아요

눈을 감고, 잠에 들어요
내 사랑이 당신 곁에 있다는 걸 알잖아요
편히 꿈꿔요, 당신이 일어났을 때
당신은 내가 당신 곁에 있음을 알 거예요

오늘부터 계속 살아가요
사랑도 다시 하구요
난 당신이 날 위해 똑같은 걸 할 거란 걸 알아요
그게 사랑은 그런 방식으로 되어 있으니까요

눈을 감고, 잠에 들어요
내 사랑이 당신 곁에 있다는 걸 알잖아요
편히 꿈꿔요, 당신이 일어났을 때
당신은 내가 당신 곁에 있음을 알 거예요

당신이 얼굴을 타고 흘러내리는 외로운 눈물을 느낄 때
그저 내 사랑이 당신을 지켜보고 있음을 알아주세요
언제나, 언제나

눈을 감고, 잠에 들어요
내 사랑이 당신 곁에 있다는 걸 알잖아요
편히 꿈꿔요, 당신이 일어났을 때
당신은 내가 당신 곁에 있음을 알 거예요

눈을 감고, 잠에 들어요
내가 언제나 당신 곁에 있다는 걸 잊지마요
편히 꿈꿔요, 당신이 일어났을 때
내가 아직 당신 곁에 있음을 할게 될테니까
내가 당신 곁에 있음을

* 영어 발음 제대로 듣거나 말하기

1) 이어지는 소리(연음)의 경우

(1) 약모음 이동

far away, light a, went away, say a, all around, love again

far away에서 away의 a는 약모음 [ə]가 되어 앞 낱말 끝부분에 가서 붙어 '화러웨이'이 가깝게 발음된다. went away도 마찬가지 경우이다. light a에서 a는 약모음 [ə]가 되어 앞 낱말 끝부분에 가서 붙어 '라이터'러 발음된다. say a도 마찬가지 경우이다. all around에서 around의 a는 약모음 [ə]가 되어 앞 낱말 끝부분에 가서 붙어 '올러 라운드'로 발음된다. love again에서 again의 a는 약모음 [ə]가 되어 앞 낱말 끝부분에 가서 붙어 '러버겐'으로 발음된다. again의 발음은 미국영어와 영국영어에서 다르게 발음된다. again의 미국영어 발음은 어겐[əgen]이고, 영국영어 발음은 어게인[əgein]이다.

(2) 자음 이동

love is, is all, Dream in

love is에서 love의 e는 낱말 끝에 있기 때문에 약화되고 그 앞에 있는 자음 v가 뒤에 있는 낱말 앞부분에 가서 붙어 '러비즈'로 발음된다. is all에서 is의 자음 s가 뒤에 있는 낱말 앞부분에 가서 붙어 '이졸'로 발음된다. Dream in에서 Dream의 자음 m이 뒤에 있는 낱말 앞부분에 가서 붙어 '쥬리민'에 가깝게 발음된다.

2) 없어지는 소리(탈락)의 경우

can't see, and say, still, And love, you'd do, Just know

can't see에서 can't의 t는 자음 n과 see의 자음 s 사이에 놓이기 때문에 탈락되어 '캔시'로 발음된다. 이와 같이 자음과 자음 사이에 놓이는 여섯 개의 파열음인 철자—k/g, p/b, t/d—가 탈락되는 예로 and say, And love와 Just know가 해당된다. still에서 ll의 l은 같은 철자이기 때문에 앞의 l이 탈락되어 '스띨'로 발음된다. you'd do도 마찬가지 경우이다.

3) 닮는 소리(동화)의 경우

(1) 구개음화

what you've, around you

what you've에서 what의 t[t]와 you've의 y[j]가 합쳐지면 서로 닮아서 [tʃ]로 바뀌어 '와츄브'에 가깝게 발음된다. 이런 현상은 영국영어(British English)보다 미국영어 (American English)에서 자주 나타나는 현상이다.

around you: around의 d[d]와 y[j]가 합쳐지면 서로 닮아서 [ʤ]로 바뀌어 '어라운쥬' 에 가깝게 발음된다. 발음된다. 이런 현상은 영국영어(British English) 보다 미국영어 (American English)에서 자주 나타나는 현상이다.

4) 줄어진 소리(축약)의 경우

you've, can't, I'm, We'd, you'd

have 동사의 경우인 you've, 부정형인 can't, be 동사의 경우인 I'm, 도우미동사(조동사)의 경우인 We'd와 you'd가 있다.

5) 주의해야 할 발음

Dream, **wh**en

Dream에서 'dr~'의 발음은 '드'와 '주'의 중간쯤 되는 소리로 '쥬'에 가깝게 발음된다. 따라서 Dream은 '드림'이라기 보다 '쥬림'에 가깝게 발음된다.

when에서 wh~로 시작되는 낱말은 'w' 뒤에 있는 'h'의 소리가 보통 들리지 않는다. 그러니까 when은 '휀'이라기 보다 '웬'에 가깝게 발음된다. 그러나 사람과 관련된 who, whose와 whom은 예외로 'h' 소리가 그대로 난다.

* 팝송에 들어 있는 쓸모 있는 영어 표현들

1. Heaven knows what you've been through: **be through**는 '경험하다, 겪다, 끝나다'라는 뜻이다. 예문들은 다음과 같다.

I'll **be through** in a moment.
(내가 곧 끝낼게.)
Are you through with that newspaper?
(당신은 그 신문을 다 보셨나요?)
I'll be through with this assignment by Friday.
(저가 이 숙제를 금요일까지는 끝내겠습니다.)

2. Live your life from this day on: **live one's life** (doing something)는 '(…을[를] 하는데) 일생을 보내다'라는 뜻이다. 예문들은 다음과 같다.

I just want to **live my life**.
(전 그저 제 인생을 살고 싶어요.)
He seems to be living his life without a purpose.
(그는 아무런 목표도 없이 사는 것 같다.)
She desperately wants to live her life without any rein.
(그녀는 어떠한 속박도 받지 않고 살길 간절히 원한다.
Tim lived his life as a respected professor. Now he filled his terms of life.
(팀은 존경 받는 교수로써 살았습니다. 이제 그는 그의 천명을 다하였습니다.)

from this day on은 '오늘부터'라는 뜻으로, 여기서 on은 계속 어떤 행위가 계속됨을 나타낸다. 예문들은 다음과 같다.

From this day on, we share everything.
(오늘부터, 우리는 모든 걸 공유할 거예요.)
From this day on, he ain't nothing to me.
(오늘부터 그는 제게 아무것도 아니에요.)

I never wish to be parted from you from this day on.

(나는 오늘부터 결코 당신과 떨어지지 않을 거야.)

3. That's the way that love is supposed to be: **be supposed to**는 1) '~하기로 되어 있다'와 2) '~할 예정이다'라는 두 가지 뜻으로 쓰인다. 이 노래에서는 1)의 뜻으로 쓰이고 있다.

1)의 예문들은 다음과 같다.

How **am** I **supposed to** know—I'm not psychic!

(내가 어떻게 알겠어. 난 초능력자가 아냐!)

You're supposed to buy a ticket, but not many people do.

(표를 사야 하는 것으로 되어 있지만 그렇게 하는 사람들이 많지 않다.)

A: Is she supposed to work today?

B: Nope, tomorrow.

(A: 그녀는 오늘 일하는 날이야?

B: 아니, 내일이야.)

2)의 예문들은 다음과 같다.

What time **is** your flight **supposed to** get in?

(비행기 도착 시간은 몇 시로 예정되어 있나요?)

It was supposed to be turned in last Monday.

(그것은 지난 월요일에 제출될 예정이었습니다.)

The test was supposed to be given on March 10.

(그 시험은 삼 월 십 일에 치러질 것으로 예정되어 있었다.)

4. Just know my love watches over you: **watch over**는 '~을[를] 보살피다[보호하다/지켜보다]'와 '~을[를] 지키다'라는 뜻으로 쓰인다. 예문들은 다음과 같다.

I feel like he's **watching over** her.

(그녀가 그녀를 지켜보고 있는 것 같아.)

I would be happy to watch over his family.

(저는 그의 가족을 돌보게 되어서 기쁘게 생각합니다.)

The mother's heart was breaking as she watched over her sick child.

(아픈 아이를 지켜보는 엄마의 마음은 애달팠다.)

기억할 만한 영어 문장

1. You will know I'm still with you.

   (당신은 내가 당신 곁에 있음을 알 거예요.)

2. We'd light a candle and say a prayer.

   (우리는 초를 켜고 기도할 거예요.)

3. Just know my love watches over you.

   (그저 내 사랑이 당신을 지켜보고 있음을 알아주세요.)

* 팝송 에세이

사랑하는 사람들 사이의 거리는 얼마일까? 홀(Edward T. Hall)은 '친밀 거리'(intimate 말한다. 이것은 두 사람 사이의 물리적인 거리를 말한다고 볼 수 있다. 그렇지만 진심으로 사랑하는 사이에는 거리가 없을 것이다. 마음 깊은 곳에는 하나라는 생각이 차지하고 있을 터이기 때문에 거리는 없다고 볼 수 있다. 그러나 심리적으로는 거리가 없을 수 있지만, 물리적으로는 거리를 따지지 않고 본다면 곁에 있으면 될 것이다. 언제나 서로 이야기를 나눌 수 있고, 사랑을 속삭일 수 있고, 만약의 경우에도 서로 의지할 수 있는 거리를 길이로 계산하지 않으면 가까운 곳인 곁이나 옆이면 될 것이다.

편안하게 걱정하지 않고 잠을 잘 수도 있고, 외롭게 눈물을 흘리고 있을 때에도 곁에서 눈물을 닦아줄 수 있기에 사랑하는 사람의 물리적 거리는 곁이면 충분할 것이다. 이 곁은 사랑하는 사이에 모든 행위가 가능한 공간이기 때문이다. 둘 만이 가질 수 있는 공간, 그 공간은 둘 만의 세계이기 때문에, 다른 누구와도 공유할 수 없는 은밀한 공간이 될 것이다. 곁은 둘 만이 알 수 있는 세계가 펼쳐지는 곳이고, 둘 만이 독점할 수 있는 공간이기 때문에, 그 공간은 달리 생각하면 사랑하는 사람들에게는 이상적인 장소가 될 수 있을 것이다. 되지 않을 것이 하나도 없을 것 같은 공간, 못할 것이 하나도 없을 것 같은 공간, 그들만이 그 공간의 주인공으로서 독자적으로 소유하고 있는 공간일 것이다.

곁이라는 공간은 서로가 있으면 필요충분조건이 되는 이상적인 공간이다. 이 공간은 서로를 위해 기도하고, 서로를 위해서 걱정하고, 서로를 위해서 위로해줄 수 있으면서 동시에 사랑을 나눌 수 있는 공간이 된다. 모든 것을 확인할 수 있는 공간, 그 공간에 사랑하는 사람의 두 눈망울은 반짝거리고 애정이 넘쳐 흐른다. 누구나 그런 공간을 갖고 싶은 꿈을 꾸지만, 서로 사랑해야만 가능한 공간이 아닐까?

Stay With Me

Sung by Sam smith

Guess it's true, I'm not good at a one-night stand
But I still need love 'cause I'm just a man
These nights never seem to go to plan
I don't want you to leave, will you hold my hand?

Oh, won't you stay with me
'Cause you're all I need
This ain't love, it's clear to see
But darling, stay with me

Why am I so emotional?
No, it's not a good look, gain some self-control
And deep down I know this never works
But you can lay with me so it doesn't hurt

Oh, won't you stay with me
'Cause you're all I need
This ain't love, it's clear to see
But darling, stay with me

Oh, won't you stay with me
'Cause you're all I need
This ain't love, it's clear to see
But darling, stay with me

Oh, won't you stay with me
'Cause you're all I need
This ain't love, it's clear to see
But darling, stay with me

나와 함께 있어줘

샘 스미스의 노래

나도 알아 내가 하룻밤 섹스 상대로는 그리 좋지 않다는 거 알아
하지만 난 여전히 사랑이 필요해 나도 그저 사람일 뿐이니까
요즘 밤은 계획했던 대로 되지 않는 것 같아
난 당신이 떠나지 않길 바래. 내 손을 잡아줄래?

아, 당신이 나와 함께 있어주면 안 돼
넌 나에게 필요한 전부이기 때문이야
이건 사랑이 아니라는 것을 확실히 알 수 있어
하지만 그대여, 나와 함께 있어줘

내가 왜 이렇게 감성적일까?
아니, 이런 모습은 보기 좋지 않아, 조금 자제력을 찾아야겠어
그리고 마음속으로는 내가 이 일이 결코 내 뜻대로 되지 않을 것을 알아
하지만 당신이 나와 함께 누워 있으면 아프지 않아

아, 당신이 나와 함께 있어주면 안 돼
넌 나에게 필요한 전부이기 때문이야
이건 사랑이 아니라는 것을 확실히 알 수 있어
하지만 그대여, 나와 함께 있어줘

아, 당신이 나와 함께 있어주면 안 돼
넌 나에게 필요한 전부이기 때문이야
이건 사랑이 아니라는 것을 확실히 알 수 있어
하지만 그대여, 나와 함께 있어줘

아, 당신이 나와 함께 있어주면 안 돼
넌 나에게 필요한 전부이기 때문이야
이건 사랑이 아니라는 것을 확실히 알 수 있어
하지만 그대여, 나와 함께 있어줘

* 영어 발음 제대로 듣거나 말하기

1) 이어지는 소리(연음)의 경우

(1) 약모음 이동

at a, just a

at a에서 a는 약모음 [ə]가 되어 앞 낱말 끝부분에 가서 붙어 '애러'에 가깝게 발음된다. just a도 마찬가지 경우이다.

(2) 자음 이동

all I, am I

all I에서 all의 자음 ll이 뒤에 있는 낱말 앞부분에 가서 붙어 '오라이'로 발음된다. am I도 마찬가지 경우이다.

2) 없어지는 소리(탈락)의 경우

don't want, will, hold my, ain't love, And deep, doesn't hurt

don't want에서 don't의 t는 자음 n과 want의 자음 w 사이에 놓이기 때문에 탈락되어 '돈완트'로 발음된다. 이와 같이 자음과 자음 사이에 놓이는 여섯 개의 파열음인 철자—k/g, p/b, t/d—가 탈락되는 예로 hold my, ain't love, doesn't hurt가 해당된다. will에서 ll의 l은 같은 철자이기 때문에 앞의 l이 탈락되어 '윌'로 발음된다. And deep도 마찬가지 경우이다,

3) 닮는 소리(동화)의 경우

(1) 단타음화

good at, not a

good at에서 good의 d가 강모음과 약모음 사이에 놓이면 단타음(單打音)으로 되어 t도, d도, r도 아닌 발음이 된다. little은 '리를'에 가깝게 발음된다. 이

소리는 한글로 표기할 수 없으며 오직 소리로만 익힐 수밖에 없다. 특히 미국영어(American English)에서 두드러진 현상이다. not a도 마찬가지 경우이다.

(2) 구개음화

want you, won't you. But you

what you에서 what의 t[t]와 you의 y[j]가 합쳐지면 서로 닮아서 [tʃ]로 바뀌어 '와츄'에 가깝게 발음된다. 따라서 이런 현상은 영국영어(British English) 보다 미국영어(American English)에서 자주 나타나는 현상이다. won't you와 But you도 마찬가지 경우이다.

4) 줄어진 소리(축약)의 경우

it's, I'm, 'cause, don't, won't, ain't, doesn't

be 동사의 경우인 it's, I'm, 부정형인 don't, won't, ain't와 doesn't가 있다.

'cause는 because의 줄어진 형태이다.

5) 주의해야 할 발음

stay

stay에서 s+k/p/t가 되면 된소리에 가깝게 소리가 난다. 대부분 k/p/t가 들어간 낱말은 h가 들어가는 소리를 내게 되는데, s+k/p/t의 경우는 h 소리가 들어가지 않고 된소리에 가깝게 발음된다. 그러니까 stay는 '스떼이'에 가깝게 발음된다.

* 팝송에 들어 있는 쓸모 있는 영어 표현들

1. Guess it's true, I'm not good at a one-night stand: **one-night stand**는 '하룻밤의 섹스; 하룻밤의 섹스 상대'라는 뜻이다.

   be good at는 '~에 능숙하다, …을[를] 잘 한다'라는 뜻이다. 예문들은 다음과 같다.

   I'**m good at** playing the piano.
   (나는 피아노를 잘 친다.)

   I was good at sums at school.
   (나는 학교 다닐 때 산수를 잘 했다.)

   You need manual dexterity to be good at video games.
   (비디오 게임을 잘 하려면 손재주가 있어야 한다.)

2. These nights never seem to go to plan: **go to plan**은 '계획대로 진행되다'라는 뜻이다. 예문들은 다음과 같다.

   The trip did not **go to plan**.
   (그 여행은 계획대로 진행되진 않았다.)

   If Plan A fails, go to Plan B.
   (에이 안이 실패하면 비안으로 갑시다.)

   Since then, however, not everything has gone to plan.
   (그러나, 그때 이후로 모든 것이 계획대로 진행되지 않았다.)

3. This ain't love, it's clear to see: **ain't**는 am not/is not/are not의 줄인형[축약형] 과 has not/have not의 줄인형[축약형]'이다. 예문들은 다음과 같다.

   I **ain't** got no money.
   (난 돈이 하나도 없다.)

   Things ain't what they used to be.
   (사정이 이전과는 다르다.)

   Ain't that I don't want to help you.
   (내가 너를 도와주고 싶지 않다는 게 아니야.)

4. And deep down I know this never works: **deep down**은 '마음속으로는[내심]'이란 뜻이다. 예문들은 다음과 같다.

Deep down I still loved him.
(마음속으로는 난 아직도 그를 사랑하고 있었다.)
He seems confident but deep down he's quite insecure.
(그가 (겉으로는) 자신감이 있어 보이지만 사실은 상당히 자신감이 부족하다.)
Like many women, deep down she was unsure of herself.
(많은 여성들이 그런 것처럼, 그녀도 마음속으로는 자신에 대한 확신이 없었다.)

5. But you can lay with me so it doesn't hurt: 여기서 **lay**는 일반적으로 타동사로 쓰이면서 '~을[를] 놓다, ~을[를] 눕히다, ~을[를] 깔다. ~을[를] 얹다'라는 뜻으로 쓰인다. 그래서 가사로 보면 적절하지 않은 것으로 보인다. 이 노래에서는 '누워있다, 눕다'라는 뜻이기 때문에 lie가 맞다고 보여진다. 그래서 이 글은 '하지만 당신이 나와 함께 누워 있게 되면 아프지 않아'로 이해하면 될 것이다.

기억할 만한 영어 문장

1. Why am I so emotional?
(내가 왜 이렇게 감성적일까?)
2. I still need love 'cause I'm just a man.
(나는 여전히 사랑이 필요해 나도 그저 사람일 뿐이니까.)
3. I don't want you to leave, will you hold my hand?
(나는 당신이 떠나지 않길 바래, 내 손을 잡아줄래?)

* 팝송 에세이

사랑은 거리에 비례할까 또는 반비례할까? 아니면 사랑은 거리에 따라 강도가 다를까? 여러 가지 사랑을 나누는 방법이 있을 것이다. 스마트폰으로도 이메일로도 인스타그램이나 웨이스북 등으로 사랑하는 마음을 전할 수 있을 것이다. 그렇지만 이런 방법으로는 사랑이 제대로 확인되기는 어려울 것이다. 사랑의 기본은 '함께'라는 특징을 바탕에 깔고 있다. 함께 하지 않는 사랑은 사랑에 대한 핑계나 구구한 곁가지 사정들은 만들어낼 뿐이다. 함께 할 수 없는 사랑은 사랑이 아니다. 비록 서로가 요구하는 것을 충족시켜주지 못한다 할지라도 함께 할 수 있는 진실된 마음만 있다면 사랑의 길을 잘 걸어갈 것이다.

이 노래에서는 '아, 당신이 나와 함께 있어주면 안 돼 / 넌 나에게 필요한 전부이기 때문이야'라고 간절히 소망하면서 바로 이어 '이건 사랑이 아니라는 것을 확실히 알 수 있어 / 하지만 그대여, 나와 함께 있어줘'라며 살짝 발뺌을 하면서 함께 있어달라고 간청을 하고 있다. 이런 간청의 밑바탕에는 상대방의 요구나 욕망을 충족시켜주지 못한데 대한 자신의 책망과 아쉬움을 드러내고 있는 것도 사실이다. 그렇지만 진정한 사랑은 내 중심이 아니라 상대방에 대한 배려와 존중, 상대방의 결핍된 부분에 대한 나름대로 채워주려는 관심과 열정이 더 중요하기 때문에 이런 간절한 바람에 참된 생각을 하고 있는 연인이라면 충분히 이해되고 수용이 될 것이다. 그렇지만 세상에는 자기중심적인 생각이 주를 이루고 있기 때문에 자신의 기준에 맞추어 욕망의 잣대를 정하고, 그 욕망에 대한 만족을 기대하고 있는 것이 일반적이기 때문에 현실적으로 함께 있어 준다는 것이 쉽지는 않을 것이다. 그렇지만 더 큰 사랑은 더 넓은 사랑은 이런 관계일수록 더 포용하여 챙겨주고 다독거려줄 수 있을 것이다. 우리 사회에는 크고 넓은 사랑이 많을까 궁금하기도 하지만, 사랑의 본질은 변하지 않을 테니까 크고 넓은 사랑을 기대할 수 밖에...

Shape Of You

Sung by Ed Sheeran

The club isn't the best place to find a lover
So the bar is where I go
Me and my friends at the table doing shots
Drinking fast and then we talk slow
You come over and start up a conversation with just me
And trust me I'll give it a chance now
Take my hand, stop, put Van the Man on the jukebox
And then we start to dance, and now I'm singing like

Girl, you know I want your love
Your love was handmade for somebody like me
Come on now, follow my lead
I may be crazy, don't mind me
Say, boy, let's not talk too much
Grab on my waist and put that body on me
Come on now, follow my lead
Come, come on now, follow my lead

I'm in love with the shape of you
We push and pull like a magnet do
Although my heart is falling too
I'm in love with your body
And last night you were in my room
And now my bed sheets smell like you
Every day discovering something brand new
I'm in love with your body
Oh—I—oh—I—oh—I—oh—I
I'm in love with your body
Oh—I—oh—I—oh—I—oh—I
I'm in love with your body

Oh—I—oh—I—oh—I—oh—I
I'm in love with your body
Every day discovering something brand new
I'm in love with the shape of you

One week in we let the story begin
We're going out on our first date
You and me are thrifty, so go all you can eat
Fill up your bag and I fill up a plate
We talk for hours and hours about the sweet and the sour
And how your family is doing okay
Leave and get in a taxi, then kiss in the backseat
Tell the driver make the radio play, and I'm singing like

Girl, you know I want your love
Your love was handmade for somebody like me
Come on now, follow my lead
I may be crazy, don't mind me
Say, boy, let's not talk too much
Grab on my waist and put that body on me
Come on now, follow my lead
Come, come on now, follow my lead

I'm in love with the shape of you
We push and pull like a magnet do
Although my heart is falling too
I'm in love with your body
Last night you were in my room
And now my bed sheets smell like you
Every day discovering something brand new
I'm in love with your body
Oh—I—oh—I—oh—I—oh—I
I'm in love with your body
Oh—I—oh—I—oh—I—oh—I
I'm in love with your body

Oh—I—oh—I—oh—I—oh—I
I'm in love with your body
Every day discovering something brand new
I'm in love with the shape of you

Come on, be my baby, come on
Come on, be my baby, come on
Come on, be my baby, come on
Come on, be my baby, come on
Come on, be my baby, come on
Come on, be my baby, come on
Come on, be my baby, come on
Come on, be my baby, come on

I'm in love with the shape of you
We push and pull like a magnet do
Although my heart is falling too
I'm in love with your body
Last night you were in my room
And now my bed sheets smell like you
Every day discovering something brand new
I'm in love with your body

Come on, be my baby, come on
Come on, be my baby, come on
(I'm in love with your body)
Come on, be my baby, come on
Come on, be my baby, come on
(I'm in love with your body)
Come on, be my baby, come on
Come on, be my baby, come on
(I'm in love with your body)
Every day discovering something brand new
I'm in love with the shape of you

당신의 모습

에드 쉬런의 노래

클럽은 좋아하는 사람을 찾기 좋은 곳이 아니라서
그래서 내가 가는 곳은 바야
나와 내 친구들은 자리에 앉아 한껏 들이키고
퍼붓고 그러다 말이 점점 느려지지
오직 내게로 와서 말만 걸어줘
그리고 날 믿어 이제 난 이 기회를 꼭 살려 놓을 테니까
내 손을 잡아봐, 잠깐, 쥬크박스에서 벤 모리슨의 노래를 틀고
그리고 나서 우린 춤을 추기 시작하는 거야, 그리고 이제 난 이렇게 노래하지

그대여, 난 너의 사랑을 갈구해
너의 사랑은 나와 같은 그 누군가를 위해 만들어지고 있는 거야
이제 어서 와, 내가 이끄는대로 해 봐
난 미쳐갈 거 같아, 날 언짢아하지 마
저, 맙소사, 너무 말을 많이 하지 말자
나의 허리를 잡고 그리고 그 몸을 내게 더 가까이 다가와
이제 어서 와, 내가 이끄는대로 해 봐
어서 이제 어서 와, 내가 이끄는대로 해 봐]

나는 네 모습을 사랑하고 있어
우린 마치 자석처럼 밀고 당기지
내 마음도 같이 네게 빠져버리고 있지만
난 네 몸을 사랑하고 있어
그리고 지난밤 넌 내 방에 있었지
그리고 내 침대보에선 너의 내음이 나
매일매일 새롭게 자각하게 되지
난 네 몸을 사랑하고 있어
아–난–아–난–아–난–아–난
난 네 몸을 사랑하고 있어
아–난–아–난–아–난–아–난
난 네 몸을 사랑하고 있어
아–난–아–난–아–난–아–난
난 네 몸을 사랑하고 있어
매일 매일 새롭게 자각하게 되지
나는 너의 모습을 사랑하고 있어

일주일 만에 우리의 이야기는 다시 시작되고
우린 제대로 된 첫 데이트를 갖기로 했지

너와 난 서로 돈을 아끼려 했기에, 뷔페로 갔어
가져갈 수 있는 음식은 모두 너의 가방에 채우고, 나는 먹고 싶은 음식은 전부 접시에 담아서
우린 몇 시간 동안 서로의 즐거운 이야기와 괴로운 이야기를 나누고
그리고 가족들의 안부에 대한 이야기도 나누지
장소를 옮겨, 택시를 타서, 뒷자리에서 입맞춤을 하고
택시 기사에겐 라디오를 틀어 달라 하고, 그럼 나는 이렇게 노래하네

그대여, 난 너의 사랑을 갈구해
너의 사랑은 나를 위해 공예 된 거야
이제 어서 와, 나의 리드를 따라봐
난 미쳐갈 거 같아, 아니 너무 긴장하진 마
저, 맙소사, 너무 말을 많이 하지 말자
나의 허리를 잡고 그리고 그 몸을 내게 더 가까이 다가와
이제 어서 와, 나의 리드를 따라봐
어서 이제 어서 와, 나의 리드를 따라봐

나는 네 모습을 사랑하고 있어
우린 마치 자석처럼 밀고 당기지
내 마음도 같이 네게 빠져버리고 있지만
난 네 몸을 사랑하고 있어
그리고 지난밤 넌 내 방에 있었지
그리고 내 침대보에선 너의 향기가 나
매일매일 새롭게 자각하게 되지
난 네 몸을 사랑하고 있어
아-난-아-난-아-난-아-난
난 네 몸을 사랑하고 있어
아-난-아-난-아-난-아-난
난 네 몸을 사랑하고 있어
아-난-아-난-아-난-아-난
난 네 몸을 사랑하고 있어
매일 매일 새롭게 자각하게 되지
나는 너의 모습을 사랑하고 있어

제발, 나의 연인이 되어줘, 어서
제발, 나의 연인이 되어줘, 어서
제발, 나의 연인이 되어줘, 어서
제발, 나의 연인이 되어줘, 어서
제발, 나의 연인이 되어줘, 어서
제발, 나의 연인이 되어줘, 어서
제발, 나의 연인이 되어줘, 어서
제발, 나의 연인이 되어줘, 어서

나는 네 모습을 사랑하고 있어
우린 마치 자석처럼 밀고 당기지
내 마음도 같이 네게 빠져버리고 있지만
난 네 몸을 사랑하고 있어
그리고 지난밤 넌 내 방에 있었지
그리고 내 침대보에선 너의 향기가 나
매일매일 새롭게 자각하게 되지
난 네 몸을 사랑하고 있어
아-난-아-난-아-난-아-난
난 네 몸을 사랑하고 있어

제발, 나의 연인이 되어줘, 어서
제발, 나의 연인이 되어줘, 어서
(나는 너의 몸을 사랑하고 있어)
제발, 나의 연인이 되어줘, 어서
제발, 나의 연인이 되어줘, 어서
(나는 너의 몸을 사랑하게 되었어)
제발, 나의 연인이 되어줘, 어서
제발, 나의 연인이 되어줘, 어서
(나는 너의 몸을 사랑하고 있어)
매일매일 새롭게 자각하게 되지
난 네 몸을 사랑하고 있어

* 영어 발음 제대로 듣거나 말하기

1) 이어지는 소리(연음)의 경우

(1) 약모음 이동

find a, up am, it a, like a, up a, hours about, in a

find a에서 a는 약모음 [ə]가 되어 앞 낱말 끝부분에 가서 붙어 '화이더'에 가깝게 발음된다. it a, like a, up a와 in a도 마찬가지 경우이다. up am에서 a는 약모음 [ə]가 되어 앞 낱말 끝부분에 가서 붙어 '어펌'에 가깝게 발음된다. hours about에서 a는 약모음 [ə]가 되어 앞 낱말 끝부분에 가서 붙어 '아우어저바웃'으로 발음된다.

(2) 자음 이동

friends at, fast and, start up. give it, Come on, Grab on, Fill up, kiss in, waist and, I'm in, shape of, Leave and

friends at에서 friends의 자음 s가 뒤에 있는 낱말 앞부분에 가서 붙어 '후렌젯'에 가깝게 발음된다. fast and에서 fast의 자음 t가 뒤에 있는 낱말 앞부분에 가서 붙어 '홰스텐'에 가깝게 발음된다. waist and과 Leave and도 마찬가지 경우이다. start up에서 start의 자음 t가 뒤에 있는 낱말 앞부분에 가서 붙어 '스타텁'에 가깝게 발음된다. give it에서 give의 e는 낱말 끝에 있기 때문에 약화되고 그 앞에 있는 v가 뒤에 있는 낱말 앞부분에 가서 붙어 '기빗'으로 발음된다. Come on에서 Come의 e는 낱말 끝에 있기 때문에 약화되고 그 앞에 있는 자음 m이 뒤에 있는 낱말 앞부분에 가서 붙어 '카먼'으로 발음된다. Grab on에서 Grab의 자음 b가 뒤에 있는 낱말 앞부분에 가서 붙어 '그래번'으로 발음된다. Fill up에서 Fill의 자음 ll은 뒤에 있는 낱말 앞부분에 가서 붙어 '휘럽'에 가깝게 발음된다. kiss in에서 kiss의 자음 ss가 뒤에 있는 낱말 앞부분에 가서 붙어

'키신'으로 발음된다. I'm in에서 I'm의 자음 m은 뒤에 있는 낱말 앞부분에 가서 붙어 '아이민'으로 발음된다. shape of에서 shape의 e는 낱말 끝에 있기 때문에 약화되고 그 앞에 있는 자음 p가 뒤에 있는 낱말 앞부분에 가서 붙어 '세이프브'로 발음된다. 이 경우 of는 기능어이기 때문에 [əv]나 [ə] 로 발음된다.

2) 없어지는 소리(탈락)의 경우

isn't the, best place, and my, and then, talk slow, just me, And trust, trust me, start to, and now, handmade, follow, don't mind, put that, with the, and pull, pull, And last, last night, And now, smell, brand new, let the, first date, about the, and get, kiss

isn't the에서 isn't의 t[t]가 the의 th[ð]와 비슷한 발음이기 때문에 앞에 있는 t가 탈락되어 '이즌더'에 가깝게 발음된다. put that, let the와 about the도 마찬가지 경우이다.

best place에서 best의 t는 자음 s와 place의 자음 p 사이에 놓이기 때문에 탈락되어 '베스 플래이스'로 발음된다. 이와 같이 자음과 자음 사이에 놓이는 여섯 개의 파열음인 철자—k/g, p/b, t/d—가 탈락되는 예로 and my, talk slow, just me, And trust, trust me, and now, handmade, don't mind, and pull, And last, last night, And now, brand new, first date와 and get가 해당된다.

and then에서 and의 d[d]가 then의 th[ð]와 비슷한 발음이기 때문에 앞에 있는 d가 탈락되어 '앤덴'에 가깝게 발음된다.

start to에서 start의 t는 잇달아 나오는 to의 t와 철자가 같기 때문에 앞의 t가 탈락되어 '스따터'로 발음된다. follow, pull, smell과 kiss도 마찬가지 경우이다.

with the에서 with의 th[ð]와 the의 th[ð]가 발음이 같기 때문에 앞의 th가 탈락되어 '위더'에 가깝게 발음된다.

3) 닮는 소리(동화)의 경우

(1) 단타음화

heart is, get in

heart is에서 t가 강모음과 약모음 사이에 놓이면 단타음(單打音)으로 되어 t도, d도, r도 아닌 발음이 된다. heart is는 '하리즈'에 가깝게 발음된다. 이 소리는 한글로 표기할 수 없으며 오직 소리로만 익힐 수밖에 없다. 특히 미국영어(American English)에서 두드러진 현상이다. get in도 마찬가지 경우이다.

(2) 구개음화

want your

what your에서 what의 t[t]와 your의 y[j]가 합쳐지면 서로 닮아서 [tʃ]로 바뀌어 '와츄어'에 가깝게 발음된다. 따라서 이런 현상은 영국영어(British English)보다 미국영어(American English)에서 자주 나타나는 현상이다.

4) 줄어진 소리(축약)의 경우

isn't, I'll, I'm, don't, let's, We're

be 동사의 경우인 I'm와 We're, 도우미동사(조동사)의 경우인 I'll, 부정형인 isn't, don't, 인칭대명사 경우인 let's(=let us)가 있다. 이 가운데 I'll에서 'll이 한국인이 발음하기에 가장 힘든 예이다. 그 이유는 'll은 will의 줄인 형태인데 'll'이 한국어에 없는 발음으로, 'l'은 혀를 입천장에 붙여서 소리를 내야 하는데, 한국어에는 이렇게 소리를 내는 것이 없기 때문이다.

5) 주의해야 할 발음

where

where에서 wh~로 시작되는 낱말은 'w' 뒤에 있는 'h'의 소리가 보통 들리지 않는다. 그러니까 where는 '훼어'라기 보다 '웨어'에 가깝게 발음된다. 그러나 사람과 관련된 who, whose와 whom은 예외로 'h' 소리가 그대로 난다.

* 팝송에 들어 있는 쓸모 있는 영어 표현들

1. And trust me I'll give it a chance now: **give[allow, afford] a chance**는 '기회를 주다'라는 뜻이다. 예문들은 다음과 같다.

   If you really like her, then **give** it **a chance**.
   (너가 그녀를 정말 좋아한다면, 기회를 줘.)

   Just give me a chance and I'll prove it to you.
   (제게 기회만 주시면 그걸 입증해 보이겠습니다.)

   That dog will give you a nasty bite, given half a chance.
   (저 개는 틈만 보이면 맹렬히 물게 될 것이다.)

2. Take my hand, stop, put Van the Man on the jukebox: **take one's hand**는 '누구의 손을 잡다'(=hold one's hand)는 뜻이다. 예문들은 다음과 같다.

   Please, **take my hand**.
   (내 손을 잡아요.)

   He took my hand in his.
   (그가 자기 손으로 내 손을 잡았다.)

   Take your hands out of your pockets!
   (주머니에서 손 빼!)

   Van the Man은 북아일랜드 벨파스트 출신의 가수이자 작사가 겸 작곡가인 밴 모리슨(Van Morrison)을 말한다.

   jukebox는 술집 등에서 동전을 넣고 음악을 틀게 되어 있는 기계를 일컫는다.

3. Your love was handmade for somebody like me: **handmade**는 '(기계가 아니라) 손으로 만든, 수제의'라는 뜻이다. 이 노래에서는 글자 그대로의 뜻이 아닌 비유적인 의미로 '정성을 들이거나 맞춤형으로 된[만들어진]' 것으로 이해하면 될 것이다.

4. Come on now, follow my lead: **Come on**은 '등장하다, (팀 경기 중에) 나오다[합류하다], (원하는 대로) 되어 가다, ~을[를] 우연히 만나다[발견하다] , 자! 오너라, 말도 안돼[그건 아냐], (질병이나 어떤 분위기가) 시작되다[들다], (텔레비전 프로그램 등이) 시작하다, 작동을 시작하다, 서둘러[어서 해봐, 힘 내]'라는 뜻으로 다양하게 쓰인다. 이 노래에서는 '서둘러, 어서 해봐'라는 뜻으로 쓰이고 있다. 이런 경우 주로 명령문으로 쓰인다. 뒤에 나오는 가사 Come on, be my baby, come on에서도 come on은 뜻은 마찬가지이다. 이와 같은 예문들은 다음과 같다.

Come on! We don't have much time.
(서둘러! 시간이 없어.)
Come on, we're going to miss the train!
(서두르자. 기차를 놓치겠어.)
I said, "Come on!" But he didn't hear it.
(내가 "서둘러!"라고 말했으나 그가 (그것을) 못 들었다.)

follow my lead는 '나를 따라와'라는 뜻이다. 예문들은 다음과 같다.

Just **follow my lead**.
(내가 하는 대로 따라오기만 해라.)
Enough! Everyone just follow my lead!
(그런 불길한 소리는 그만하고 모두들 나만 따르도록 해요!)
If you keep following my lead your nation may become as strong as mine.
(당신이 이끄는 대로 계속 나를 따라만 오시면 우리나라만큼 강성해질 수 있을 겁니다.)

5. I may be crazy, don't mind me: mind는 명사로 '마음, 정신, 머리, 생각, 사고방식, (지성이 뛰어난) 사람, 지성(인)'이란 뜻도 있지만, 동사로서의 **mind**는 특히 부정문이나 의문문에서 쓰여 1) '언짢아하다, 상관하다, 개의하다'와 2) 허락을 구하거나 정중한 부탁을 할 때 쓰인다. 이 노래에서는 1)의 뜻으로 쓰이고 있다.
1)의 예문들은 다음과 같다.

I don't **mind** the noise during the day.

(나는 낮 동안에는 소음에 개의치 않는다.)

She looked at him earnestly. "You don't mind?"

(그녀는 그를 진지하게 바라봤다. "괜찮겠어요?")

Well, never mind, John, it's not a matter of life and death.

(음, 걱정 마, 존, 이게 생사가 걸린 문제는 아니니까.)

2)의 예문들은 다음과 같다.

Could you **mind** my bags for a moment?

(잠깐 제 가방들 좀 봐 주시겠어요?)

I hope you don't mind this intrusion, Jon.

(저가 이렇게 방해하는 것을 양해해 주시기 바래요, 존.)

Would you mind not interrupting all the time?

(계속 내 말 좀 가로막지 말아 줄래요?)

6. Say, boy, let's not talk too much: **say**가 동사로 '말하다, …라고 (말)하다'라는 뜻으로 주로 쓰이지만, 여기서 **say**는 동사가 아닌 감탄사로 '놀람 · 기쁨을 나타내어) 야[와]'라는 뜻이다. 예문들은 다음과 같다.

Say, what a beauty!

(야, 정말 미인인데!)

Say, that's a nice haircut!

(야, 머리 참 보기 좋게 깎았구나!)

Say, it seems a might peculiar, don't it? 듣

(야, 이거 좀 이상해보여, 그렇지 않아?)

그리고 say는 '(말을 처음 꺼낼 때) 저'라는 뜻의 감탄사로 쓰인다. 예문들은 다음과 같다.

Say, I wanted to tell you.

(저, 나는 너에게 말하고 싶었어.)

I say, can you lend me five pounds?

(저[있잖아], 너 5파운드만 빌려줄 수 있니?)

Say, how about going to a movie tonight?

(저 오늘밤 영화 보러 가는 거 어때요?)

7. I'm in love with the shape of you: **be in love with**는 '~와 사랑에 빠지다'라는 뜻으로 쓰인다. 예문들은 다음과 같다.

He **was in love with** her.

(그는 그녀를 사랑하고 있었다.)

I'm in love with my husband.

(난 내 남편과 사랑에 빠졌다.)

I don't want to be in love with you.

(나는 너와 사랑에 빠지고 싶지 않아.)

8. Every day discovering something brand new: **brand new**는 '신제품의, 완전 새 것인, 신형의, 새로 나온, 갓 태어난, 새 것'이란 뜻이다. 예문들은 다음과 같다.

She bought her car **brand new**.

(그녀는 자동차를 완전히 새 차로 샀다.)

Her brand new blouse was stained by a ink.

(그녀의 새 블라우스는 잉크 때문에 얼룩졌다.)

His gaberdine trousers were brand new and stiff.

(그의 개버딘 바지는 갓 산 새 것이었고 뻣뻣했다.)

9. One week in we let the story begin: **let the story begin**에서 let 다음에 목적어(the story)가 나오고 그 뒤에 to 부정사가 나와야 하는데 let가 허용이나 허락을 하는 경우 알몸동사(원형동사; bare infinitive)가 쓰여 to begin이 아니라 begin으로 된다.

10. We're going out on our first date: **going out on our first date**에서 go out on a date는 '데이트하다, 데이트하러 나가다'라는 뜻이다. 예문들은 다음과 같다.

Wanna **go out on a date** after work?

(오늘 퇴근하고 데이트 할래요?)

I haven't gone out on a date in years!

(나는 몇 년 동안 데이트도 한 번 못했어!)

Would you like to go out on a date next Friday evening?

(다음 주 금요일 저녁에 당신은 저랑 데이트 하실래요?)

go out on a date와 비슷한 뜻이지만 자주 쓰이는 것으로 **go on a date**('데이트하러 가다')가 있다. 예문들은 다음과 같다.

She still refused to **go on a date** with James.

(그녀는 여전히 제임스와의 데이트를 거절했다.)

I went on a blind date with my cousin's friend.

(나는 내 사촌의 친구와 소개팅을 했다.)

I don't want any boy to go on a date with my girlfriend.

(나는 다른 남자가 내 여자 친구와 데이트하는 거 싫어.)

그리고 이와 비슷한 표현으로 **be on a date**가 있는데, 이것은 '데이트 중이다'라는 뜻으로 쓰인다. 예문들은 다음과 같다.

I could **be on a date** with a killer.

(나는 살인자와 데이트를 할 수도 있어요.)

I haven't been on a blind date since high school.

(나는 고등학교 이후론 미팅을 해본 적이 없다.)

"Those two are on a blind date," whispered my friend.

("저 둘은 소개팅 중이야" 내 친구가 속삭였다.)

11. We talk for hours and hours about the sweet and the sour: **the sweet**는 the+형용사의 형태로 추상명사를 나타낸다. 그러니까 the sweet는 글자 그대로 '달콤한 것, 감미로운 것'이란 뜻이다. **the sour** 또한 the+형용사의 형태로 추상명사를 나타낸다. the sour는 '신 것, 시큼한 것'이란 뜻이다. 그렇지만 이 노래에서는 비유적인 의미로 the sweet는 '즐거운 이야기'라고 볼 수 있고, the sour는 이와 대조적인 의미로 '괴로운 이야기' 또는 '힘든 이야기'로 이해하면

될 것이다. 영어에는 **the+형용사**는 추상명사 가 되는 경우도 있지만, 주로 복수 보통명사로 많이 쓰인다. 예문들은 다음과 같다.

The cold weather was hard on **the elderly**.

(추운 날씨가 노인들에게는 좋지 않았다.)

It's a movie that will appeal to the young.

(그것은 젊은이들에게 매력 있을 영화이다.)

They provided food and shelter for the poor.

(그들은 가난한 사람들에게 먹을 것과 지낼 곳을 제공해 주었다.)

12. Tell the driver make the radio play, and I'm singing like: **make the radio play**에서 make 다음에 목적어(the radio)가 나오고 그 뒤에 to 부정사가 나와야 되는데 make가 강제성을 띄고 있는 경우 알몸동사(원형동사; bare infinitive)가 쓰여 to play가 아니라 play로 된다.

기억할 만한 영어 문장

1. I'm in love with your body.
   (나는 네 몸을 사랑하고 있어.)
2. I'm in love with the shape of you.
   (나는 네 모습을 사랑하고 있어.)
3. We push and pull like a magnet do.
   (우리는 마치 자석처럼 밀고 당기지.)

* 팝송 에세이

진정한 사랑은 어떤 모습일까? 모든 사람들이 이미 그것을 알고 있음에도 그렇게 되지 못하는 투명한 비밀 금고 속에 놓여 있는 귀중품이 아닐까라는 생각이 든다. 겉으로 보이는 모습이 아닌 마음으로 서로에게 기댈 수 있고, 어렵거나 힘들 때 서로를 위로하고 격려해줄 수 있고, 힘든 삶의 여정을 함께 손잡고 걸어갈 수 있는 내면의 용기가 진정한 사랑의 속성은 아닐까 생각해 본다. 그런데 우리가 보고 느끼고 확인할 수 있는 사랑은 겉모습에서부터 대부분 시작이 된다고 보여진다. 첫 인상, 외모와 꾸민 모습이 사람의 시선을 먼저 끈다. 또 그것에 의해 대부분의 상대방에 대한 호감도가 정해진다. 하지만 이런 것은 출발점은 될지 모르지만, 앞으로 펼쳐지게 될 사랑의 여정과는 상당한 거리가 생길 수 있다. 그렇다면 진정한 사랑은 무엇일까에 대한 좀 더 많은 생각이 필요할 것이다.

당신의 모습을 노래하고 있는 이 노래는 자칫 외모에만 치우치고 있는 것이 아닌가 궁금해 할 수도 있을 것이다. 물론 그렇다. 끝나는 마지막 연을 제외하고 바에서 노래를 듣고 춤도 추고 노래도 부른다. 상대방이 이끄는대로 따라 하는 몸동작, 상대방의 몸을 사랑하고, 얼마 후 다시 만나 뷔페에 가서 실컷 먹고 남은 것은 가져오기도 한다. 서로의 몸을 자석처럼 서로 당기기도 한다. '난 네 몸을 사랑하고 있어'라고 반복적으로 노래하지만, 이 보다 더 절실하게 요구하고 싶은 것은 '제발, 나의 연인이 되어줘, 어서'라는 여덟 번에 걸쳐 반복되는 내용은 몸만을 사랑하는 것이 아닌, 진정한 의미의 사랑을 갈구 한다는 것을 알 수 있다. 당신의 모습을 넘어선 관계, 그 관계에서 느끼게 될 심리적 안정감, 의지하고 싶은 마음과 모든 것을 상대방에게 주고 싶은 베품으로 이어질 때 평범한 사람들의 사랑은 비로소 완성되는 것이 아닐까? 시간이 걸릴지라도...

Never forget

Sung by Michelle Pfeifer

Please
Will you come home? Will you stay with me?
Say you'll laugh, say you'll understand
Say you'll dance with me
Say you'll smile that silly smile for me
Say you'll hold me in your arms so sweet

Will you come home? Will you come home to me?
Home, my love
We will never forget you
You will never leave
In our hearts we kept you

We'll be safe
You'll remember all the days of summer sun
Hold me close in dark November
Before the winter comes
Tell me all the things you wish for
Tell me all that you would want to live for

When you come home, when you come home to me
Home, my love
All the days of sorrow will vanish in tomorrow
You can count on me, my love

To be here
We will all be ready, love and kindness steady
We will never forget you
You are home, my love

결코 잊지 말아요

미셔러 타이터의 노래

제발
당신이 집에 오실 건가요? 당신이 저와 함께 있을 건가요?
당신이 웃을 거라고 말해주세요. 당신이 이해할 거라고 말해주세요
당신이 저와 춤을 출 거라고 말해주세요
그 바보 같은 웃음을 저를 위해 지어줄 거라고 말해주세요
아주 사랑스럽게 당신의 팔로 저를 안아줄 거라고 말해주세요
집에 오실 건가요? 집에 와서 저에게 오실 건가요?

당신이 집에 오실 건가요? 당신이 나에게 집으로 오실 건가요?
집, 나의 사랑하는 이여
우리는 당신을 결코 잊지 못할 거예요
당신은 결코 떠나지 않을 거예요
우리의 가슴에 당신을 간직하고 있을 거예요

우리는 안전할 거예요
당신은 여름 태양의 모든 날들을 기억할 거예요
어두운 십일 월에 저를 안아 주세요
겨울이 오기 전에
당신이 바라던 모든 것들을 말해주세요
당신이 살고 싶어 하는 목적의 모든 것을 말해주세요

당신이 집에 올 때, 당신이 나에게 집으로 올 때
집, 나의 사랑하는 이여
슬픔에 잠긴 모든 날들은 내일에는 사라질 거예요
당신은 저를 믿어도 돼요, 나의 사랑하는 이여

여기에 있기 위해서
우리는 모두 준비되고, 사랑 그리고 친절을 꾸준히 유지할 거예요
우리는 당신을 결코 잊지 못할 거예요
당신은 집이 에요, 나의 사랑하는 이여

* 영어 발음 제대로 듣거나 말하기

1) 이어지는 소리(연음)의 경우

(1) 자음 이동

In our, days of, vanish in, count on, love and

In our에서 In의 자음 n이 뒤에 있는 낱말 앞부분에 가서 붙어 '이나우어'로 발음된다. days of에서 days의 자음 s가 뒤에 있는 낱말 앞부분에 가서 붙어 '데이 저브'로 발음된다. 이 경우 of는 기능어이기 때문에 [əv]나 [ə]로 발음된다. vanish in 에서 vanish의 자음 sh가 뒤에 있는 낱말 앞부분에 가서 붙어 '배니쉰'에 가깝게 발음된다. count on에서 count의 자음 t가 뒤에 있는 낱말 앞부분에 가서 붙어 '카운턴'으로 발음된다. love and에서 love의 e는 낱말 끝에 있기 때문에 약화되고 그 앞에 있는 v가 뒤에 있는 낱말 앞부분에 가서 붙어 '러밴'으로 발음된다.

2) 없어지는 소리(탈락)의 경우

Will, silly, hold me, arms so, all, summer, dark November, Tell, would want, want to, kindness, kindness steady

Will에서 ll의 l은 같은 철자이기 때문에 앞의 l이 탈락되어 '윌'로 발음된다..silly, arms so, all, summer, Tell, want to와 kindness steady도 마찬가지 경우이다.

hold me에서 hold의 d는 자음 l과 me의 자음 m 사이 놓이기 때문에 탈락되어 '호울미'로 발음된다. 이와 같이 자음과 자음 사이에 놓이는 여섯 개의 파열음인 철자—k/g, p/b, t/d—가 탈락되는 예로 dark November, would want와 kindness가 해당된다.

3) 닮는 소리(동화)의 경우

(1) 구개음화

forget you, kept you, that you

forget you에서 forget의 t[t]와 you의 y[j]가 합쳐지면 서로 닮아서 [tʃ]로 바뀌어 '호켓츄'에 가깝게 발음된다. 따라서 이런 현상은 영국영어(British English)보다 미국영어(American English)에서 자주 나타나는 현상이다. kept you와 that you도 마찬가지 경우이다.

(2) 비음화

winter

winter은 미국영어(American English)에서 일반적으로 t가 콧소리[비음] n을 닮아서 n으로 되었다가, n이 겹치기 때문에 앞의 n이 탈락되어 '위너'로 발음된다. 그런데 영국영어(British English)에서는 t를 그대로 발음하는 경우가 대부분이다.

4) 줄어진 소리(축약)의 경우

you'll, We'll

도우미동사(조동사)의 경우인 you'll과 We'll이 있다. 이 가운데 you'll과 We'll에서 'll 이 한국인이 발음하기에 가장 힘든 예이다. 그 이유는 'll은 will의 줄인 형태인데 'll'이 한국어에 없는 발음으로, 'l'은 혀를 입천장에 붙여서 소리를 내야 하는데, 한국어에는 이렇게 소리를 내는 것이 없기 때문이다.

5) 주의해야 할 발음

stay, When, can

stay에서 s+k/p/t가 되면 된소리에 가깝게 소리가 난다. 대부분 k/p/t가 들어간 낱말은 h가 들어가는 소리를 내게 되는데, s+k/p/t의 경우는 h 소리가 들어가지 않고 된소리에 가깝게 발음된다. 그러니까 stay는 '스떼이'에 가깝게 발음된다.

When에서 wh~로 시작되는 낱말은 'w' 뒤에 있는 'h'의 소리가 보통 들리지 않는다. 그러니까 When은 '휀'이라기 보다 '웬'에 가깝게 발음된다. 그러나 사람과 관련된 who, whose와 whom은 예외로 'h' 소리가 그대로 난다.

can은 can't와 마찬가지로 도우미동사로 기능낱말이기 때문에 약하게 발음한다. 그런데 can't 다음에 자음이 나오기 때문에 탈락되는 경우가 대부분이어서 can은 [kən]으로 can't는 [kæn]으로 발음하기로 약속이 되어 있다. 그런데 can이 문장 가운데 들어가는 경우가 [kən]으로 주로 발음되고 문장의 끝에 들어가는 경우에는 [kæn]으로 발음되는 경우가 대부분이다. can't는 기본적으로 [kæn]으로 발음되면서 can 보다 약간 길게 발음되는 경향이 있다.

* 팝송에 들어 있는 쓸모 있는 영어 표현들

1. Tell me all the things you wish for: **wish for**는 '…을[를] 바라다'라는 뜻이다. 예문들은 다음과 같다.

He knows he's **wishing for** the impossible.
(그도 자신이 불가능한 것을 바라고 있음을 안다.)
He has everything he could possibly wish for.
(그는 그가 기원할 만한 것을 모두 다 가지고 있다.)
She shut her eyes and wished for him to get better.
(그녀는 눈을 감고 그가 낫기를 빌었다.)

2. Tell me all that you would want to live for: **live for someone/something**은 '~ 을[를] 위해 살다[~이 삶의 주된 목적[이유]이다]'라는 뜻이다. 예문들은 다음과 같다.

I have to find something to **live for**.
(나는 인생에서 추구할 만한 일을 찾아야겠어.)
Spiders can live for several days without food.
(거미는 먹이를 먹지 않고 며칠 동안 생존할 수 있다.)
They live for their animals and love them dearly.
(그들은 그들의 동물들을 위해 살고, 진심으로 그들을 사랑해요.)

3. All the days of sorrow will vanish in tomorrow: **vanish in**은 '(~로) 사라지다'라는 뜻이다. 그러니까 이 글은 '슬픔으로 이루어진 모든 날들이 미래에서 사라질 것이다' 로 될 것이다. vanish in이 들어간 예문들은 다음과 같다.

The magician **vanished in** a puff of smoke.
(그 마술사는 한 줄기 연기 속으로 사라졌다.)

Any chance of success seemed to vanish in a puff of smoke.
(어떤 성공 가능성도 휙 연기처럼 사라져 버릴 것 같았다.)

I think such criminals should be vanished in this world forever.
(나는 그런 범죄자들은 이 세상에서 영원히 사라져버려야 한다고 생각해.)

4. You can count on me, my love: **count on** sb/sth은 '~을[를] 믿다, ~을[를] 확신하다, 기대하다'라는 뜻이다. 예문들은 다음과 같다.

You are the only one I can **count on**.
(넌 내가 믿을 수 있는 유일한 사람이야.)

We can't **count on** this warm weather lasting.
(우리는 이렇게 따스한 날씨가 지속되리라고 확신할 수 없다.)

He may be counted upon to play an active part.
(그가 크게 활약하리라고 기대해도 좋을 것이다.)

5. You are home, my love: 이것은 글자 그대로 '당신은 집이 에요, 나의 사랑하는 이여'이다. 비유적인 의미로 '당신은 집처럼 편안하거나 안락하다'라고 이해하면 될 것이다. 사랑하는 이를 영어로 my love, sweet, sweetheart, darling, baby와 babe 등으로 다양하게 쓰고 있다.

기억할 만한 영어 문장

1. We will never forget you.

   (우리는 당신을 결코 잊지 못할 거예요.)

2. You can count on me, my love.

   (당신은 저를 믿어도 돼요. 나의 사랑하는 이여.)

3. Tell me all the things you wish for.

   (당신이 바라던 모든 것들을 말해주세요.)

* 팝송 에세이

우리에게 집은 안락함이 보장되는 물리적 공간이자 심리적 공간이다. 집은 고향이고 심리적 안식처이다. 집은 따뜻함이고 포근함이다. 집은 나의 공간이고 우리의 공간이다. 집은 어머니의 자궁과 같은 곳이고 따뜻한 벽난로이고 따뜻하게 데워놓은 온돌방이다. 집은 터덜터덜한 어머니 손에서 느껴지는 온기이고 그 손길에서 전해져 오는 기운이다. 그래서 우리는 집으로 상징되는 것들을 기대하게 되고 의지하게 되고 갈구하게 된다.

이 안락한 집은 우리들 누구나 바라고 있는 상징물이다. 집에는 웃음도 있고, 포옹도 있고, 안전함도 있고, 슬픔을 위로받을 수 있고, 친절함도 있고 사랑도 있다. 만났을 때 서로 안아주는 것만으로도 모든 것이 한꺼번에 해결되는 만병통치약과 같은 효과를 낼 수 있다. 그래서 끊임없이 안아준다는 아니 안아달라는 주문을 한다. 집에 와서 안아주는 것만으로 '당신을 결코 잊지 못할 것이고 / 당신은 결코 떠나지 않을 것'이라는 믿음은 우리를 버티게 만들고 강하게 만들 것이다. 진리는 복잡하지 않고 단순하다고 했던가. 그저 안아주는 행위만으로 모든 것이 해결될 수 있는 그 동작은 어쩌면 쉬우면서도 하기 힘들지도 모른다. 생각이 아닌 마음이 아닌 행동으로 표현할 수 있는 단순한 동작, 안아준다는 것은 상대방에 대한 모든 것을 이해하고 함께 할 수 있다는 간단하지만 상징적인 행위이다. 이제 우리에게 필요한 것은 마음에서 우러나오는 단순한 안아줌으로 분위기를 바꾸고, 일상의 삶에 기름칠을 할 수 있을 것이다.

★ 덧붙이는 글 ★

『오리엔탈 특급 살인』(*Murder on the Orient Express*)의 오리지널 사운드 트랙(OST)이다.

End Of the Road

Sung by Boys II Men

Girl you know we belong together
I have no time for you to be playing with my heart like this
You'll be mine forever baby
You just see

We belong together
And you know that I'm right
Why do you play with my heart
Why do you play with my mind
Said we'd be forever
Said it's never die

How could you love me and leave me
And never say good bye
When I can't sleep at night
Without holding you tight
Girl, each time I try
I just break down and cry
Pain in my head
Oh I'd rather be dead
Spinning around and around

Although we've come to the end of the road
Still I can't let go
It's unnatural
You belong to me, I belong to you
Come to the end of the road
Still I can't let go
It's unnatural
You belong to me, I belong to you

Girl I know you really love me
You just don't realize
You've never been there before
It's only your first time
Maybe I'll forgive you, hmm
Maybe you'll try
We should be happy together
Forever you and I

Girl, love me again like you loved me before
This time I want you to love me much more
This time instead just come to my bed
And baby just don't let me, don't let me down

Although we've come to the end of the road
Still I can't let go
It's unnatural
You belong to me, I belong to you
Come to the end of the road
Still I can't let go
It's unnatural
You belong to me, I belong to you

Girl I'm here for you
All those times of night
When you just hurt me
And just run out with that other fella
Baby I knew about it
I just didn't care
You just don't understand how much I love you, do you?
I'm here for you

I'm not about to go out and cheat on you all night
Just like you did baby but that's all right
Hey, I love you anyway

And I'm still gonna be here for you 'till my dying day baby
Right now, I'm just in so much pain baby
Coz you just won't come back to me
Will you?
Just come back to me

(Lonely) Yes baby my heart is lonely
(Lonely) My heart hurts baby
(Lonely) Yes I feel pain too
Baby please

This time instead just come to my bed
And baby just don't let me go

Although we've come to the end of the road
Still I can't let go
It's unnatural
You belong to me, I belong to you
Come to the end of the road
Still I can't let go
It's unnatural
You belong to me, I belong to you

Although we've come to the end of the road
Still I can't let go
It's unnatural
You belong to me, I belong to you
Come to the end of the road
Still I can't let go
It's unnatural
You belong to me, I belong to you

막다른 길

보이즈 투 멘의 노래

그대여 우리가 서로 함께 할 운명이라는 걸 당신은 알고 있잖아요
이렇게 당신이 내 마음을 가지고 장난칠만한 시간이 없어요
당신은 영원히 내 사람이 될 거예요 그대여
당신도 알잖아요

우리는 서로 함께 할 사람들이잖아요
그리고 당신도 내가 맞다는 걸 알잖아요
왜 당신은 내 마음을 가지고 장난만 치는 거죠
왜 당신은 내 머리를 가지고 장난을 치는 거죠
우리의 사랑이 영원할 거라고 말했잖아요
결코 사라지지 않을 거라고 말했잖아요

당신은 날 사랑하면서 어떻게 내 곁을 떠나갈 수 있나요
그리고 결코 작별의 인사도 하지 않나요
내가 밤에 잠을 잘 수 없을 때
그대를 꼭 껴안지 않은 채
그대여, 내가 매 번 해보려고 할 때마다
난 단지 마음이 무너져 내리고 울게 되어요
머리를 짓누르는 아픔으로
아 차라리 죽어버릴 수 있다면
어지러움은 점점 더해만 갑니다.

우리 이렇데 막다른 길에 부딪쳐 왔지만
여전히 난 그대를 떠나보낼 수 없어요
그게 너무 부자연스러워요
그대는 나의 것이고, 나는 그대의 것인데
막다른 길에 부딪쳐서
여전히 난 그대를 떠나보낼 수 없어요
그게 너무 부자연스러워요
그대는 나의 것이고, 나는 그대의 것이에요

그대여 당신 진심으로 나를 사랑하고 있다는 걸 난 알아요
당신이 그저 깨닫고 있지 못하고 있어요
당신은 결코 예전에 사랑을 해오지 못한 거예요
그대에게 처음 다가선 사랑이니까
아마도 난 당신을 용서할 수 있을 거예요, 음

아마도 당신은 노력할 거예요
우리는 함께 행복해야 되요
당신과 내가 영원히

그대여, 당신이 예전에 날 사랑했던 것처럼 나를 또 다시 사랑해요
이번에는 난 당신이 날 훨씬 더 사랑하길 원해요대신 이제는 그저 내 침대로 와요
그리고 그대여 제발 나를 실망시키지 말아요 날 실망시키지 말아요

우리 이렇데 막다른 길에 부딪쳐 왔지만
여전히 난 그대를 떠나보낼 수 없어요
그게 너무 부자연스러워요
그대는 나의 것이고, 나는 그대의 것인데
막다른 길에 부딪쳐서
여전히 난 그대를 떠나보낼 수 없어요
그게 너무 부자연스러워요
그대는 나의 것이고, 나는 그대의 것이에요

그대여 당신을 위해 나 여기에 있어요
그 수많은 모든 밤들
당신이 그저 나를 마음 아프게 하고
그리고 다른 사람들하고 뛰쳐 나갔을 때
그대여 나 다 알고 있었어요
나 그저 신경쓰지 않았을 뿐이에요
당신은 그저 내가 당신을 얼마나 사랑하는 지 모르고 있어요, 그렇지 않나요?
당신을 위해 나 여기에 있어요

밤새도록 내가 막 나가서 당신을 속이진 않아요
그대여 당신이 단지 했던 것처럼, 하지만 괜찮아요
이봐요, 어쨌든 나는 당신을 사랑하니까요
그리고 내가 죽는 날까지 당신을 위해 여전히 여기에 있을 거에요 그대여
지금 당장 난 너무나 괴로워요 그대여
왜냐하면 당신이 내게 단지 다시 돌아오지 않을 것이니까요
당신 돌아와 줄 건가요?
그저 내게 다시 돌아와요

(외로워요) 그래요 그대여 내 마음은 외로워요
(외로워요) 내 마음이 아파요 그대여
(외로워요) 그래요 또한 나는 고통을 느껴요
그대여 제발

그러지말고 이번엔 그냥 내 침대로 와 주세요

그리고 그대여 이번엔 날 가게 하지 말아요
우리 이렇데 막다른 길에 부딪쳐 왔지만
여전히 난 그대를 떠나보낼 수 없어요
그게 너무 부자연스러워요
그대는 나의 것이고, 나는 그대의 것인데
막다른 길에 부딪쳐서
여전히 난 그대를 떠나보낼 수 없어요
그게 너무 부자연스러워요
그대는 나의 것이고, 나는 그대의 것이에요

우리 이렇데 막다른 길에 부딪혔지만
그래도 그대를 떠나보낼 수 없어요
그럴 수 없어요
그대는 나의 나는 그대의 것인데
막다른 길에 부딪혔지만
그래도 그대를 떠나 보낼 수 없어요
그럴 수 없어요
그대는 나의 나는 그대의 것인데

* 영어 발음 제대로 듣거나 말하기

1) 이어지는 소리(연음)의 경우

(1) 약모음 이동

Spinning around, me again, not about

Spinning around에서 around의 a는 약모음 [ə]가 되어 앞 낱말 끝부분에 가서 붙어 '스피닝어 라운드'러 발음된다. me again에서 again의 a는 약모음 [ə]가 되어 앞낱말 끝부분에 가서 붙어 '미어 겐'으로 발음된다. again의 발음은 미국영어와 영국 영어에서 다르게 발음된다. again의 미국영어 발음은 어겐[əgen]이고, 영국영어 발음은 어게인[əgein]이다.

(2) 자음 이동

Pain in, end of, times of, love you, that's all, just in

Pain in에서 Pain의 자음 n이 뒤에 있는 낱말 앞부분에 가서 붙어 '페이닌'으로 발음된다. just in도 마찬가지 경우이다. end of에서 end의 자음 d가 뒤에 있는 낱말 앞부분에 가서 붙어 '엔더브'로 발음된다. 이 경우 of는 기능어이기 때문에 [əv]나 [ə]로 발음된다. times of도 마찬가지 경우이다. love you에서 love의 e는 낱말 끝에 있기 때문에 약화되고 그 앞에 있는 v가 뒤에 있는 낱말 앞부분에 가서 붙어 '러뷰'로 발음된다. that's all에서 that's의 자음 s가 뒤에 있는 낱말 앞부분에 가서 붙어 '댓졸'에 가깝게 발음된다.

2) 없어지는 소리(탈락)의 경우

heart like, just see, And you, and lever, And never, can't sleep, just break, and cry, Still, can't let, really, just don't, don't realize, first time, loved me, just come, And baby, And just, just run, just didn't, don't understand, just like, won't come, back to, will, don't let heart like에서 heart의 t는 자음 r과 like의 자음 l 사이에 놓이기 때문에 탈락되어 '하어라이크'로 발음된다. 이와 같이 자음과 자음 사이에 놓이는 여섯 개의 파열음인 철자—k/g, p/b, t/d—가 탈락되는 예로 just see, And you, and lever, And never, can't sleep, just break, and cry, can't let, just don't, don't realize, just come, And baby, And just, just run, just didn't, don't understand, just like, won't come, back to와 don't let가 해당된다.

Still에서 ll의 l은 같은 철자이기 때문에 앞의 l이 탈락되어 '스띨'로 발음된다. really, first time과 will도 마찬가지 경우이다.

loved me에서 loved의 ed[d]가 me의 자음 m 사이에 놓이기 때문에 앞에 있는 ed[d]가 탈락되어 '러버미'로 발음된다.

3) 닮는 소리(동화)의 경우

(1) 단타음화

not about, heart is

not about에서 t(t)가 강모음과 약모음 사이에 놓이면 단타음(單打音)으로 되어 t도, d도, r도 아닌 발음이 된다. not a는 '나러'에 가깝게 발음된다. 이 소리는 한글로 표기할 수 없으며 오직 소리로만 익힐 수밖에 없다. 특히 미국영어(American English)에서 두드러진 현상이다. heart is도 마찬가지 경우이다.

(2) 구개음화

Could you, want you

Could you에서 around의 d[d]와 y[j]가 합쳐지면 서로 닮아서 [ʤ]로 바뀌어 '쿠쥬'에 가깝게 발음된다. 발음된다. 이런 현상은 영국영어(British English)보다 미국영어(American English)에서 자주 나타나는 현상이다.

what you에서 what의 t[t]와 you의 y[j]가 합쳐지면 서로 닮아서 [tʃ]로 바뀌어

'와츄'에 가깝게 발음된다. 따라서 이런 현상은 영국영어(British English) 보다 미국영어(American English)에서 자주 나타나는 현상이다.

4) 줄어진 소리(축약)의 경우

You'll, we'd, it's, can't, I'd, we've, don't, You've, I'll, you'll, I'm, didn't, that's, 'till, won't

도우미동사(조동사)의 경우인 You'll, I'll와 you'll, 도우미동사(조동사)의 경우인 we'd와 I'd, be 동사의 경우인 it's, I'm과 that's, 부정형인 can't와 don't, have 동사의 경우인 we've와 You've가 있다. 이 가운데 You'll, I'll과 you'll에서 'll이 한국인이 발음하기에 가장 힘든 예이다. 그 이유는 'll은 will의 줄인 형태인데 'll'이 한국어에 없는 발음으로, 'l'은 혀를 입천장에 붙여서 소리를 내야 하는데, 한국어에는 이렇게 소리를 내는 것이 없기 때문이다.

'till은 until의 줄어진 형태이다.

5) 주의해야 할 발음

why, When, try, hurts

why와 When에서 wh~로 시작되는 낱말은 'w' 뒤에 있는 'h'의 소리가 보통 들리지 않는다. 그러니까 why는 '화이'라기 보다 '와이'에 가깝게, When은 '휀'이라기 보다 '웬'에 가깝게 발음된다. 그러나 사람과 관련된 who, whose와 whom은 예외로 'h' 소리가 그대로 난다.

try에서 'tr~'의 발음은 '츠'와 '추'의 중간쯤 되는 소리로 '츄'에 가깝게 발음된다. try는 '트라이'이라기 보다 '츄라이'에 가깝게 발음된다.

hurts에서 ts는 '츠'에 가깝게 발음된다. 따라서 hurts는 '허트스'가 아니라 '허츠'에 가깝게 발음된다.

6) 기타

gonna

gonna는 허물없이 발음하는 경우의 예이다. gonna는 going to인데 입말체에서 '고잉투'로 발음하지 않고 '가너' 또는 '고너'로 발음하고, going to로 표기가 되어 있더라고 말을 할 때는 gonna로 발음하는 경우가 많다. going to에서 gonna로 바뀌는 과정은 '팝송영어 소리를 제대로 듣는 요령'에 나와 있는 설명을 참고하기 바란다.

* 팝송에 들어 있는 쓸모 있는 영어 표현들

1. I just break down and cry: **break down**은 '고장 나다, ~을[를] 부수다, 망가지다, (감정 · 태도를) 깨부수다[허물어뜨리다], 결렬되다, 실패하다, 아주 나빠지다, ~을[를] 나누다[분류하다]'라는 여러 가지 뜻으로 쓰인다. 이 노래에서는 이 가운데 '(감정 · 태도를) 깨부수다[허물어뜨리다]'라는 뜻으로 쓰이고 있다. 예문들은 다음과 같다.

   He **broke down** and wept when he heard the news.
   (그 소식을 듣자 그가 허물어지며 울었다.)
   It also means there are no moving parts to break down.
   (이는 움직이는 부분은 고장 나는 게 없다는 뜻이다.)
   Firefighters had to break the door down to reach the people trapped inside.
   (안에 갇힌 사람들에게 접근하기 위해 소방관들이 문을 부수어야만 했다.)

2. Oh I'd rather be dead: **'d rather**는 would rather를 줄인 모양이다. 'd rather는 '(…하기 보다는 차라리) …하겠다[하고 싶다]'라는 뜻으로 쓰인다. would rather를 had better/best '((~하는 것이) 좋을 것이다(꼭 그래야 함을 뜻함)'와 혼동하여 쓰는 경우가 많은데 would rather는 주로 선택을 해야 하는 상황에서 쓰이고, had better는

충고나 조언을 하는 상황에서 주로 쓰인다. would rather나 had better는 도우미동사(조동사)를 대신한다. 예문들은 다음과 같다.

I **would rather** take a taxi than take the bus.

(버스를 타고 가느니 차라리 택시를 타겠다.)

I personally would rather roast a chicken whole.

(나 같으면 닭을 통째로 굽겠다.)

I would rather invest time in Rebecca than in the kitchen.

(나는 부엌보다 레베카를 위해 시간을 쓰겠다.)

You **had better** go to bed early.

(너는 일찍 자는 게 좋겠다.)

You had better see a doctor at once.

(넌 곧 병원에 가 보는 게 좋다.)

It's half past two. I think we had better go home.

(이제 두 시 반이다. 나는 집에 가는 것이 좋을 것 같다.)

3. Spinning around and around: spin은 '(빙빙) 돌다, 회전하다; 돌리다, 회전시키다. (휙) 돌다; 돌리다, 돌아서게 하다, 잣다'라는 뜻이다. **spin around**는 글자 그대로 '빙글빙글 돌다. 빙글빙글 돌리다, 휙 돌아서다'라는 뜻이다. 이 노래에서는 비유적인 의미로 마음속 고통으로 머리가 어지럽다는 것으로 이해하면 될 것이다. 예문들은 다음과 같다.

He **spun around** to face her.

(그가 휙 돌아서서 그녀를 마주보았다.)

The boat started to spin around in the water.

(배는 물속에서 빙글빙글 돌기 시작했다.)

It seemed to me that the room was spinning around.

(방이 빙글빙글 도는 것 같았다.)

4. You belong to me, I belong to you: **belong to**는 '~ 소유[것]이다, ~에 속하다, ~ 차지[세상]이다'라는 뜻으로 쓰인다. 예문들은 다음과 같다.

Lions and tigers **belong to** the cat family.
(사자와 호랑이는 고양이과에 속한다.)

The contents of shipwrecks belong to the state.
(난파선의 내용물은 국가 소유이다.)

Do you belong to any professional or trade associations?
(당신은 어디 전문직 협회나 사업자 협회에 소속되어 있습니까?)

5. And baby just don't let me, don't let me down: **let** sb **down**은 1) '~을 (아래로) 내리다[내려가게 두다]', 2) '~의 기대를 저버리다[~를 실망시키다]'와 3) '늦추다'라는 뜻이다. 이 노래에서는 2)의 뜻으로 쓰이고 있다.)

1)의 예문들은 다음과 같다.)

And I'm ready to **let** it **down**!
(그리고 난 그것을 내려놓을 준비가 되어 있어!)

We let the bucket down by a rope.
(우리는 밧줄로 (매달아) 양동이를 내렸다.)

A rope ladder was let down from the chopper.
(헬리콥터에서 사다리가 내려왔다.)

2)의 예문들은 다음과 같다.

I'm afraid she **let** us **down** badly.
(그녀가 우리의 기대를 크게 저버린 것 같군.)

I'll work hard. I don't want to let him down.
(나는 열심히 일할 것이다. 그를 실망시키고 싶지 않다.)

He trudged home feeling lonely and let down.
(그는 쓸쓸히 낙심한 채 터벅터벅 집으로 걸어갔다.)

3)의 예문들은 다음과 같다.

I'm starting to **let down** my guard.

(나는 경계를 늦추기 시작하고 있다.)

These pants need to be let down two inches.

(이 바지는 이 인치 길게 해야 한다.)

We let down our guard because of your people.

(당신들 때문에 우리는 경계를 소홀히 했다.)

6. And just run out with that other fella: **run out**는 1) '(공급품이) 다되다, 다 떨어지다', 2) '(시간 · 힘 등이) 다하다', 3) '뛰쳐나가다'와 4) '만료되다'라는 뜻이다. 이 노래에서는 3)의 뜻으로 쓰이고 있다.)

1)의 예문들은 다음과 같다.

We **ran out** of fuel.

((우리가) 기름이 다 되었어[떨어졌어].)

His coverage will soon run out.

(그의 보험금은 곧 바닥날 것이다.)

The hot water has run out, just when I wanted a bath.

(막 목욕을 하려니까 더운 물이 다 떨어져 버렸다.)

2)의 예문들은 다음과 같다.

I **run out** of steam every weekend.

(나는 매번 주말마다 탈진한다.)

Time is running out for the trapped miners.

(갱에 갇힌 광부들에게는 (생존할 수 있는) 시간이 얼마 없다.)

Their luck had simply run out. Still, never fear.

(그들은 그저 운이 다 한 상태였어요. 그래도 너무 걱정하지 마세요.)

3)의 예문들은 다음과 같다.

In case of fire, **run out** of the house.

(불이 날 경우에는, 집 밖으로 뛰쳐 나와라.)

I didn't expect anyone to run out like that.

(누군가가 그렇게 뛰어 나갈 줄은 몰랐어요.)

The donkey had no other choice but to run out of the house.

(당나귀는 집 밖으로 뛰쳐나갈 수밖에 없었다.)

4)의 예문들은 다음과 같다.

The lease **runs out** next year.

(그 임대차 계약은 내년에 만료된다.)

When the lease ran out the family moved to Cleveland.

(임차 기간이 만료되자 그 가족은 클리브랜드로 옮겨 갔다.)

The insurance on it ran out three weeks before the fire.

(그 보험계약은 화재 삼 주 전에 만료됐었다.)

fella는 feller이라고도 하는데 격식을 차리지 않는 경우에 쓰는 표현으로 '남자, 남자친구, 친구, 사람'이라 뜻이다. 예문들은 다음과 같다.

Have you met her new **fella**?

(그녀의 새 남자 친구 만나 봤어?)

What are you doing, young fella?

(너 뭐하고 있어, 젊은 친구?)

What are you gonna do with a fella like that?

(그런 남자 친구랑 뭘 할 작정인데?)

7. I'm not about to go out and cheat on you all night: **be about to** 부정사는 '막 ~하려고 하다, 막 ~하려는 참이다. -ㄹ 락 말락 하다'라는 뜻이다. 예문들은 다음과 같다.

It seems to **be about to** rain

(비가 오려는가 보다.)

I was just about to ask you the same thing.

(나도 네게 똑같은 걸 막 물어보려던 참이었어.)

He knew roughly what was about to be said.

(그는 무슨 말을 듣게 될 지 대충 알고 있었다.)

cheat on은 1) '~를[을] 속이다'와 2) '바람을 피우다'라는 뜻이다. 이 노래에서는 1)의 뜻으로 쓰이고 있다.

1)의 예문들은 다음과 같다.

I **cheated on** him but had a good conscience.

(난 그를 속였지만 마음에 걸리는 건 없었다.)

He cheated on her for years, but she never sussed.

(그는 오랫동안 그녀를 속였지만 그녀는 결코 알아차리지 못했다.)

They also always use their cell phone to cheat on tests.

(그들은 또한 항상 휴대폰을 사용해서 시험에서 부정행위를 합니다.)

2)의 예문들은 다음과 같다.

She found out that he'd been **cheating on** her.

(그녀는 그가 바람을 피우고 있었다는 것을 알게 됐다.)

I feel bad for cheating on her. That was really stupid of me.

(그녀를 두고 바람을 피워서 죄책감을 느껴. 내가 정말로 바보 같았어.)

I'd found Philippe was cheating on me and I was angry and hurt.

(나는 필립이 나 몰래 바람을 피우고 있다는 것을 알고 화도 났고 속도 상했다.)

8. Coz you just won't come back to me: **Coz**는 Coz는 because('… 때문에, -해서[여서/니까']를 줄인 말로서 소리나는 대로 표기한 것이다. coz는 cause, cos 또는 cuz로 쓰이기도 한다.

9. And baby just don't let me go: **let someone go**에서 let 다음에 목적어(someone) 가 나오고 그 뒤에 to 부정사가 나와야 하는데 let가 허용이나 허락을 하는 경우 알몸 동사(원형동사; bare infinitive)가 쓰여 to go가 아니라 go로 된다.

기억할 만한 영어 문장

1. Why do you play with my heart?
   (왜 당신은 내 마음을 가지고 장난만 치는 거죠?)
2. You belong to me, I belong to you.
   (그대는 나의 것이고, 나는 그대의 것이에요.)
3. How could you love me and leave me?
   (당신은 날 사랑하면서 어떻게 내 곁을 떠나갈 수 있나요?)

* 팝송 에세이

사랑은 영원하다고 모두들 말한다. 사랑은 끝이 없이 이어지는 것이라고 말한다. 어쩌면 이런 말들은 사랑하는 사람이 또는 사람에 빠져 있는 사람이 사랑이 그렇게 되었으면 좋겠다는 바람의 심리적 기대감일 것이다. 사랑은 사랑하는 사이에 만나서 만남이 진행 중일 때는 사랑이 움트고 사랑이 피어나고 사랑이 조그만 결실과 큰 결실을 맺게 되는 것이다. 그렇지만 헤어지게 되는 경우에는 사랑이 영원할 거라는 기대에서 일단 벗어나는 첫 걸음을 내딛는 것이다. 헤어진 후 다시 돌아오기를 기대할 수는 있지만, 인간이 떠나게 되면 몸만 떠나는 것이 아니라 마음마저 떠날 확률도 매우 크기 때문에 돌아오리라고 기대하는 사람에게는 희망사항일 경우가 대부분이다.

'막다른 길'은 더 이상 나아갈 수 없는 길의 종착 지점이다. 더 나아갈 수 없기 때문에 돌아올 수밖에 없다. 하물며 사랑을 나누는 단계에서 마음을 가지고 장난을 치거나 머리를 가지고 장난을 친 경우에는 상대방이 떠나가게 되면 쉽사리 돌아올 수 없는 종착 지점인 막다른 길과 마주하게 되는 형국이다. 떠나보내고 싶지 않는 안타까움도 사랑이 영원할 것이라던 믿음도 이제 접어야 할 계기가 된 것이다. 반복적으로 나오는 '그대는 나의 것이고, 나는 그대의 것이다'라는 것은 자주 쓰이는 상대방에 대한 인식의 단면을 보는 듯하다. 상대의 가치가 소유 가치가 아닌 존재 가치로서 인정할 때 비로소 사랑은 시작되고 사랑은 진행되고 사랑의 결실은 맺게 되는 것이다. 하지만 의식적이든 무의식적이든 상대방을 소유의 대상으로 보게 되면 일시적으로는 모르지만 결과적으로 소유될 수 없는 존재이기 때문에 올바른 사랑을 할 수 없는 것이다. 인간은 살아 있는 인격체이기 때문에 물건처럼 가질 수 없는 존재이다. 존재 가치의 높고 낮음에 대한 판단은 언제나 위험하기도 하고 유보되어야 하기 때문에, 상대방의 존재를 그 자체로 인정할 수 있는 마음가짐이 기본이자 필수적인 요소이다. 헤어지게 되는 경우에는 마음은 쓰라릴지라도 오히려 쿨하게 보내주는 것이 아름다운 추억의 한 페이지를 장식할 수는 있을 것이다.

Make You Feel My Love

Sung by Adele

When the rain is blowing in your face
And the whole world is on your case
I could offer you a warm embrace
To make you feel my love

When the evening shadows and the stars appear
And there is no one there to dry your tears
I could hold you for a million years
To make you feel my love

I know you haven't made your mind up yet
But I would never do you wrong
I've known it from the moment that we met
No doubt in my mind where you belong

I'd go hungry, I'd go black and blue
And I'd go crawling down the avenue
No, there's nothing that I wouldn't do
To make you feel my love

The storms are raging on the rolling sea
And on the highway of regret
The winds of change are blowing wild and free
You ain't seen nothing like me yet

I could make you happy, make your dreams come true
Nothing that I wouldn't do
Go to the ends of the earth for you
To make you feel my love
To make you feel my love

당신이 내 사랑을 느낄 수 있도록

어델의 노래

비가 당신의 얼굴에 불어오고
그리고 온 세상이 당신에게 뭐라고 할 때
난 당신에게 따뜻한 포옹을 해줄 수 있어요
당신이 내 사랑을 느낄 수 있도록

밤의 그림자와 별들이 나타나고
그리고 거기에 당신의 눈물을 닦아줄 사람이 아무도 없을 때
난 당신을 수 백 만년 동안 안아줄 수 있어요
당신이 내 사랑을 느낄 수 있도록

난 알아요 당신은 아직 마음을 정하지 않았다는 걸
하지만 난 당신에게 잘못하진 않을 거예요
난 우리가 만난 그 순간부터 그걸 알았죠
내가 생각할 때 당신은 의심의 여지가 없는 내 사람이에요

난 굶주릴 수도 있어요, 나는 암담해지고 우울해질 수도 있어요
그리고 난 거리를 기어 다닐 수도 있죠
아니요, 내가 하지 않을 일은 하나도 없죠
당신이 내 사랑을 느낄 수 있도록

출렁거리는 바다 위에 폭풍우가 휘몰아치고 있어요
그리고 후회의 도로 위에도
변화의 바람이 격렬히, 그리고 멋대로 불고 있어요
당신은 아직 나와 같은 사람을 본 적이 없어요

난 당신을 행복하게 해줄 수 있어요, 당신의 꿈이 이루어지게 만들어줄 수 있어요
내가 하지 않을 건 하나도 없어요
당신을 위해서라면 지구 끝까지 갈 거예요
당신이 내 사랑을 느낄 수 하도록
당신이 내 사랑을 느낄 수 있도록

* 영어 발음 제대로 듣거나 말하기

1) 이어지는 소리(연음)의 경우

(1) 약모음 이동

stars appear, for a

stars appear에서 appear의 a는 약모음 [ə]가 되어 앞 낱말 끝부분에 가서 붙어 '스따저 피어'로 발음된다. for a에서 a는 약모음 [ə]가 되어 앞 낱말 끝부분에 가서 붙어 '훠러'에 가깝게 발음된다.

(2) 자음 이동

world is, is on, mind up, known it, winds of, wild and, ends of

world is에서 world의 자음 d가 뒤에 있는 낱말 앞부분에 가서 붙어 '월디즈'로 발음된다. is on에서 is의 자음 s가 뒤에 있는 낱말 앞부분에 가서 붙어 '이존'으로 발음된다. mind up에서 mind의 자음 d가 뒤에 있는 낱말 앞부분에 가서 붙어 '마인덥'으로 발음된다. known it에서 known의 자음 n이 뒤에 있는 낱말 앞부분에 가서 붙어 '노우깃'으로 발음된다. winds of에서 winds의 자음 s가 뒤에 있는 낱말 앞부분에 가서 붙어 '윈저브'로 발음된다. 이 경우 of는 기능어이기 때문에 [əv]나 [ə]로 발음된다. ends of도 마찬가지 경우이다. wild and에서 wild의 자음 d가 뒤에 있는 낱말 앞부분에 가서 붙어 '월댄'으로 발음된다.

2) 없어지는 소리(탈락)의 경우

And the, And there, million, haven't made, would never, moment that, and blue, rolling, winds, and free, ain't seen, could make, wouldn't do, ends

And the에서 And의 d[d]가 the의 th[ð]와 비슷한 발음이기 때문에 앞에 있는 d가 탈락되어 '앤더'에 가깝게 발음된다. And there도 마찬가지 경우이다.

haven't made에서 haven't의 t는 자음 n과 made의 자음 m 사이에 놓이기 때문에 탈락되어 '해븐 메이드'로 발음된다. 이와 같이 자음과 자음 사이에 놓이는 여섯 개의 파열음인 철자—k/g, p/b, t/d—가 탈락되는 예로 would never, and blue, winds, and free, ain't seen, could make, wouldn't do와 ends가 해당된다.

million에서 ll의 l은 같은 철자이기 때문에 앞의 l이 탈락되어 '미리언'으로 발음된다.

rolling도 마찬가지 경우이다.

moment that에서 moment의 t[t]가 that의 th[ð]와 비슷한 발음이기 때문에 앞에 있는 t가 탈락되어 '모우먼 댓'에 가깝게 발음된다.

3) 닮는 소리(동화)의 경우

(1) 단타음화

But I

But I에서 t가 강모음과 약모음 사이에 놓이면 단타음(單打音)으로 되어 t도, d도 r도 아닌 발음이 된다. But I는 '버라이'에 가깝게 발음된다. 이 소리는 한글로 정확하게 표기할 수 없으며 오직 소리로만 익힐 수밖에 없다. 특히 미국영어(American English)에서 두드러진 현상이다.

(2) 구개음화

hold you

hold you에서 hold의 d[d]와 y[j]가 합쳐지면 서로 닮아서 [ʤ]로 바뀌어 '홀쥬'에 가깝게 발음된다. 발음된다. 이런 현상은 영국영어(British English) 보다 미국영어 (American English)에서 자주 나타나는 현상이다.

4) 줄어진 소리(축약)의 경우

haven't, I've, I'd, there's, wouldn't, ain't

부정형인 haven't, wouldn't와 ain't, have 동사의 경우인 I've, 도우미동사(조동사)의 경우인 I'd, be 동사의 경우인 there's가 있다.

5) 주의해야 할 발음

When, stars, dry, where, storms, dreams, true

When과 where에서 wh~로 시작되는 낱말은 'w' 뒤에 있는 'h'의 소리가 보통 들리지 않는다. 그러니까 When은 '휀'이라기 보다 '웬'에 가깝게, where는 '훼어'라기 보다 '웨어'에 가깝게 발음된다. 그러나 사람과 관련된 who, whose와 whom은 예외로 'h' 소리가 그대로 난다.

stars와 storms에서 s+k/p/t가 되면 된소리에 가깝게 소리가 난다. 대부분 k/p/t가 들어간 낱말은 h가 들어가는 소리를 내게 되는데, s+k/p/t의 경우는 h 소리가 들어가지 않고 된소리에 가깝게 발음된다. 그러니까 stars는 '스따즈'에 가깝게, storms는 '스똠즈'에 가깝게 발음된다.

dry와 dreams에서 'dr~'의 발음은 '드'와 '주'의 중간쯤 되는 소리로 '쥬'에 가깝게 발음된다. 따라서 dry는 '드라이'라기 보다 '쥬라이'에 가깝고, dreams는 '드림즈'라기보다 '쥬림즈'에 가깝게 발음된다.

true에서 'tr~'의 발음은 '츠'와 '추'의 중간쯤 되는 소리로 '츄'에 가깝게 발음된다. true는 '트루'라기 보다 '츄루'에 가깝게 발음된다.

* 팝송에 들어 있는 쓸모 있는 영어 표현들

1. And the whole world is on your case: be on one's case는 '꾸중하다, 잔소리하다, 간섭하다'라는 뜻이다. 이와 비슷한 뜻으로 쓰이는 표현으로 get on one's case가 있다. 이것은 '잔소리를 하다, 잔소리를 해 대다, ~에 대해 간섭하다'라는 뜻으로 쓰인다. 엄격하게 따지면 be on one's case는 be 동사 때문에 상태를 나타내고 get on

one's case는 get 동사 때문에 동작을 나타낸다. 그렇지만 거의 같은 뜻으로 쓰이고 있다. 예문들은 다음과 같다.

She **is** always **on my case.**

(그녀는 항상 나를 간섭해.)

The auditors are really on my case about it.

(그 청중들이 그것에 대해 정말로 간섭을 한다.)

My report is late and my boss is on my case.

(내 보고서가 늦어서 사장님께서 자주 꾸중하신다.)

Don't just **get on my case**!

(내 일에 간섭하지 마!)

Why don't you ever get on her case?

(당신이 그녀를 꾸중 좀 하지 그래?)

Why does he always get on my case?

(왜 그는 항상 날 간섭해?)

2. To make you feel my love: **make someone feel**에서 make 다음에 목적어 (someone)가 나오고 그 뒤에 to 부정사가 나와야 되는데 make가 강제성을 띠고 있는 경우 알몸동사(원형동사; bare infinitive)가 쓰여 to feel이 아니라 feel로 된다. 이와 같은 경우는 뒤에 나오는 가사 make your dreams come true에도 똑같이 적용된다.

3. I know you haven't made your mind up yet: **make one's mind up**은 '결심하다'라는 뜻이다. 예문들은 다음과 같다.

She **made up her mind** to be nice to the elderly.

(노인들에게 친절해지기로 그녀는 결심했다.)

Did you make up your mind to tell her the truth?

(너는 그 여자한테 진실을 말하기로 결심했니?)

One has to make up one's mind about which model one wants.

(어떤 모델을 원하는지 결정을 내려야 한다.)

4. But I would never do you wrong: **do wrong**은 '나쁜 짓을 하다, 몹쓸 짓을 하다, 잘못하다, 못되게 굴다, 악을 행하다'라는 뜻이다. 예문들은 다음과 같다.

What did you **do wrong**?

(너 잘못한 게 뭐야?)

Her son can do no wrong in her eyes.

(그녀의 눈에는[눈으로 볼 때에는] 아들이 나쁜 짓을 할 수가 없다.)

I don't know why you wanna do me wrong.

(당신은 왜 날 힘들게 하려는지 모르겠군요.)

5. I've known it from the moment that we met: **the moment (that)**는 '…하자마다, …하는 바로 그 순간'이란 뜻이다. 예문들은 다음과 같다.

I want to see him **the moment** he arrives.

(나는 그가 도착하자마자 그를 보고 싶다.)

I've hated you from the moment I first married you.

(나는 당신과 처음 결혼한 순간부터 당신을 싫어했어.)

Now it's time for the moment we've all been waiting for.

(이제 우리 모두가 기다려 왔던 순간을 위한 시간이다.)

6. No doubt in my mind where you belong: **no doubt**는 1) '아마 (...일 것이다)'와 2) '틀림없는, 의심의 여지가 없는'이란 뜻이다. 이 노래에서는 2)의 뜻으로 쓰이고 있다.

1)의 예문들은 다음과 같다.

No doubt you have heard the news.

(아마 당신은 그 소식은 들으셨겠지요.)

No doubt there is an answer to that.

(아마 그것에 대한 답은 구할 수 있을 것이다.)

No doubt she'll call us when she gets there.

(그녀가 거기에 도착하면 아마 우리에게 전화를 할 것이다.)

2)의 예문들은 다음과 같다.

No doubt I had blundered again.

(틀림없이 내가 또 어처구니없는 실수를 했던 것이다.)

No doubt he was forced to leave his family against his will.

(필시 그는 본의 아니게 가족과 헤어져야만 했을 것이다.)

There was no doubt in his mind that the man was serious.

(그가 생각할 때 그 남자가 진지했다는 것은 의심의 여지가 없었다.)

7. I'd go hungry, I'd go black and blue: **go black**은 '눈앞이 캄캄해지다, 의식을 잃다'라는 뜻이다. 그리고 go blue는 '우울해지다'라는 뜻이다. 여기서 go는 여러 가지 뜻으로 쓰이지만, 여기서는 연결동사로 쓰이고 있으면서, 특히 좋지 않게 변함을 나타낸다. 예문들은 다음과 같다.

Her hair is **going** grey.

(그녀는 머리가 세고 있다.)

This milk has gone sour.

(이 우유는 상했다.)

The children went wild with excitement.

(아이들이 신이 나서 법석을 떨었다.)

8. You ain't seen nothing like me yet: **ain't**는 be+not(am/are/is+not의 줄인형(단축형)이거나 have/has+not의 줄인형이다. 이 노래에서 haven't와 같다. 예문들은 다음과 같다.

I **ain't**[=haven't] done it.

(나는 그것을 하지 못했다.)

Pick up the speed we ain't got all day!

(속도 좀 내라 시간이 없어!)

Takin' me places I ain't never been.

(한 번도 가보지 못한 곳에 날 데려가 주기도 했으니까요.)

I **ain't**[= am not] ready.

(난 준비가 되지 않았다.)

You ain't[= are not] coming.

(너는 오지 않을 게다.)

Things ain't[=are not] what they used to be.

(사정이 이전과는 다르다.)

기억할 만한 영어 문장

1. I would never do you wrong.

   (나는 당신에게 잘못하진 않을 거예요.)

2. I could offer you a warm embrace.

   (나는 당신에게 따뜻한 포옹을 해줄 수 있어요.)

3. I could hold you for a million years.

   (난 당신을 수 백 만년 동안 안아줄 수 있어요.)

* 팝송 에세이

사랑은 어디로부터 오는가? 사랑은 어떻게 확인할 수 있을까? 사랑하는 방법은 어떤 것일까? 사랑은 어떻게 하는 것이 바람직할까? 사랑은 어떻게 표현할 수 있을까? 이런 저런 사랑 게임을 생각해보면 사랑의 재미와 사랑의 의미는 변하지 않고 그대로 있을 것이다. 사랑의 재미와 사랑의 의미는 서로에게 기쁨과 즐거움을 제공해주고, 힘들고 어려울 때 버팀목이 되어주면서 어루만져줄 수 있는 기꺼운 마음이라고 할 수 있을 것이다. 사랑은 상대방의 마음을 읽는 것이라 할 수 있다. 아니면 상대방의 마음을 읽으려고 노력하는 것이라 할 수 있다. 서로에 대한 심리적 거리감이 없어지게 되면 상대방의 힘듬과 아픔이 자신의 힘듬과 아픔이 되고, 상대방의 고통을 자신이 대신 아파해줄 수 있을 것 같고, 상대방을 위한 어떤 행위라도 할 수 있을 것이다. 상대방을 위해 대신 굶어줄 수도, 대신 우울해질 수도 있다는 것은 고통과 아픔과 결핍을 대신 안아가겠다는 의지의 표현이다.

그러다가도 막상 만나게 되면 모든 말을 잃어버리고 그냥 따뜻하게 포옹해주는 것으로 그동안의 모든 것들을 대신할 수도 있을 것이다. 따뜻한 포옹은 모든 것을 수용하겠다는 퍼포먼스이고, 그런 퍼포먼스는 복잡하게 진행되지도 않는다. 그런 시기가 오게 되면 상대방을 행복하게 영원히 무언가를 해 줄 수 있을 것 같은 마음이 생기고, 상대방의 모든 꿈이 이루어질 수 있도록 모든 노력을 아끼지 않을 것이다. 사랑은 그런 것이다. 그렇지만 사랑은 또 다시 만나게 되는 경우 보다 헤어지게 되는 경우가 훨씬 많기 때문에 사랑하는 과정에서 사랑을 듬뿍 느끼게 해주려는 노력이 더 필요할 것이다.

살다 보면 사랑하는 사람과의 만남이 우연히 이루어지는 경우가 있지만, 그 우연을 소중하게 생각하는 마음이 필요하다. 많은 경우 우연이 필연이 되는 경우가 허다하기 때문이다. 우필연의 시작은 우연이고, 우연의 축적이 필연이 되는 것이다. 사람과의 만남뿐만 아니라 역사도 우연과 필연의 경계가 모호한 경우가 많다.

Change the World

Sung by Eric Clapton

If I could reach the stars
Pull one down for you
Shine it on my heart
So you could see the truth
Then this love I have inside
Is everything it seems
But for now I find
It's only in my dreams

That I can change the world
I would be the sunlight in your universe
You would think my love was really something good
Baby if I could change the world

And if I could be king
Even for a day
I'd take you as my queen
I'd have it no other way
And our love would rule this
Kingdom we had made
'Til then I'd be a fool
Wishin' for the day

That I can change the world
I would be the sunlight in your universe
You would think my love was really something good
Baby if I could change the world
Baby if I could change the world

I could change the world

I would be the sunlight in your universe
You would think my love was really something good
Baby if I could change the world
Baby if I could change the world
Baby if I could change the world

세상을 바꿔요

에릭 크랩턴의 노래

만약 내가 별에 닿을 수 있다면
당신을 위해 하나를 따서
내 가슴에서 빛나게 할 거예요
그래서 당신이 진실을 알 수 있도록
그리고 나서 내 속에 있는 이 사랑이
보이는 모든 것으로 여겨져요
하지만 지금은 난 알아요
그건 단지 내 꿈속에만 있을 뿐이에요

내가 세상을 바꿀 수 있다면
난 당신의 우주 속의 빛이 되고 싶어요
당신은 내 사랑이 정말 좋은 그 어떤 것이라고 생각할 거예요
사랑하는 이여 내가 만약 세상을 바꿀 수 있다면

그리고 내가 왕이 될 수 있다면
단 하루만이라도
당신을 내 왕비로 삼겠어요
다른 방법은 없을 거예요
그리고 우리의 사랑은 이것을 지배할 거예요
우리가 만들어온 이 왕국에서
그리고 그 때까지 그리고 난 바보가 될 거예요
그 날을 기다리면서

내가 세상을 바꿀 수 있다면
난 당신의 우주 속의 빛이 되고 싶어요
당신은 내 사랑이 정말 좋은 그 어떤 것이라고 생각할 거예요
사랑하는 이여 내가 만약 세상을 바꿀 수 있다면
사랑하는 이여 내가 만약 세상을 바꿀 수 있다면

내가 세상을 바꿀 수 있다면
난 당신의 우주 속의 빛이 되고 싶어요
당신은 내 사랑이 정말 좋은 그 어떤 것이라고 생각할 거예요
사랑하는 이여 내가 만약 세상을 바꿀 수 있다면
사랑하는 이여 내가 만약 세상을 바꿀 수 있다면
사랑하는 이여 내가 만약 세상을 바꿀 수 있다면

* 영어 발음 제대로 듣거나 말하기

1) 이어지는 소리(연음)의 경우

(1) 약모음 이동

for a, be a

for a에서 a는 약모음 [ə]가 되어 앞 낱말 끝부분에 가서 붙어 '훠러'에 가깝게 발음된다. be a도 마찬가지 경우이다.

(2) 자음 이동

Shine it, have it, And our

Shine it에서 Shine의 e는 낱말 끝에 있기 때문에 약화되고 그 앞에 있는 n이 뒤에 있는 낱말 앞부분에 가서 붙어 '샤이닛'으로 발음된다. have it도 마찬가지 경우이다.

And our에서 And의 d는 뒤에 있는 낱말 앞부분에 가서 붙어 '앤아우어'로 발음된다.

2) 없어지는 소리(탈락)의 경우

Pull, could seem, think my, could be, would rule

Pull에서 ll의 l은 같은 철자이기 때문에 앞의 l이 탈락되어 '풀'로 발음된다.

could seem에서 could의 d는 자음 l과 seem의 자음 s 사이에 놓이기 때문에 탈락되어 '쿠심'으로 발음된다. 이와 같이 자음과 자음 사이에 놓이는 여섯 개의 파열음인 철자—k/g, p/b, t/d—가 탈락되는 예로 think my, could be와 would rule이 해당된다.

3) 닮는 소리(동화)의 경우

(1) 단타음화

That I

That I에서에서 t가 강모음과 약모음 사이에 놓이면 단타음(單打音)으로 되어 t도, d도, r도 아닌 발음이 된다. That I는 '대라이'에 가깝게 발음된다. 이 소리는 한글로 표기할 수 없으며 오직 소리로만 익힐 수밖에 없다. 특히 미국영어(American English)에서 두드러진 현상이다.

(2) 비음화

And

미국영어(American English)의 경우 And에서 d가 바로 앞에 있는 콧소리[비음] n을 닮아서 n으로 되었다가, n이 겹치기 때문에 앞의 n이 탈락되어 '앤'으로 발음된다. 그런데 영국영어(British English)에서는 d를 그대로 발음하는 경우가 대부분이다.

4) 줄어진 소리(축약)의 경우

It's, I'd, 'Til, Wishin'

be 동사의 경우인 It's, 도우미동사(조동사)의 경우인 I'd가 있다.

'Til은 'till과 마찬가지로 until의 줄어진 형태이다.

Wishin'은 Wishing의 줄어진 형태이다.

5) 주의해야 할 발음

stars, truth, dreams

stars에서 s+k/p/t가 되면 된소리에 가깝게 소리가 난다. 대부분 k/p/t가 들어간 낱말은 h가 들어가는 소리를 내게 되는데, s+k/p/t의 경우는 h 소리가 들어가지 않고 된소리에 가깝게 발음된다. 그러니까 stars는 '스따즈'에 가깝게 발음된다.

truth에서 'tr~'의 발음은 '츠'와 '추'의 중간쯤 되는 소리로 '츄'에 가깝게 발음된다.

truth는 '트루스'라기 보다 '츄루스'에 가깝게 발음된다.

dreams에서 'dr~'의 발음은 '드'와 '주'의 중간쯤 되는 소리로 '쥬'에 가깝게 발음된다. 따라서 dreams는 '드림즈'라기 보다 '쥬림즈'에 가깝게 발음된다.

* 팝송에 들어 있는 쓸모 있는 영어 표현들

1. So you could see the truth: **so** 다음에 that가 생략되어 있는 문장이다. so that+주어+동사는 '누군가가 어떤 일을 할 수 있도록'이란 뜻인데, 입말체에서는 that가 종종 생략된다. 주어가 분명한 경우에는 so that 절 대신에 in order to+동사원형을 쓸 수 있다.
   예문들은 다음과 같다.

   He angled his chair **so that** he could sit and watch her.
   (그는 앉아서 그녀를 지켜볼 수 있도록 의자를 비스듬히 놓았다.)
   I'm making money so that I could spend it in good ways.
   (좋은 데다 쓰려고 전 돈을 벌어요.)
   She worked hard so that everything would be ready in time.
   (그녀는 모든 것이 시간 내에 준비될 수 있도록 열심히 일을 했다.)

2. But for now I find: **for now**는 now 보다 기간성이 더 강한 표현으로 '지금 당분간은, 지금 현재로는, 당분간은, 지금은, 지금으로는'(=for the present)이란 뜻으로 입말체 표현이다. for now는 어떤 화제를 가지고 얘기하다가 다른 화제로 전환하고자 할 때 쓰인다. 예문들은 다음과 같다.

   For now I'm happy with my job.
   (지금은 제 직업에 만족하고 있어요.)
   That's all the news there is for now.
   (지금으로서는 그것이 뉴스 전부이다.)
   Let's set aside my personal feelings for now.
   (지금은 내 개인적인 감정은 무시하자.)

3. I would be the sunlight in your universe: 여기서 **be**는 연결동사로 '…이 되다'(=become)라는 뜻이다.

4. Baby if I could change the world: **baby**는 '사랑하는 사람, 애인, 연인'이란 뜻으로 이것 이외에 babe, darling, love, sweet와 sweetheart 등이 쓰이기도 한다.

5. I'd take you as my queen: 여기서 **as**는 '~로, ~할 때, ~ 때문에, ~다시피, ~대로, ~한, ~같이, ~이지만'과 같이 다양한 의미로 쓰인다. 이 가운데 이 노래에서는 '~로'라는 뜻으로 쓰인다. 예문들은 다음과 같다.

I respect him **as** a doctor.
(나는 그를 의사로 존경한다.)
He quit his job as an office boy.
(그는 사환 일을 그만두었다.)
You can use that glass as a vase.
(저 유리잔을 꽃병으로 쓸 수 있다.)

6. I'd have it no other way: **no other way**는달리 하릴없다, 다른 방법[방도]가 없는' 이란 뜻이다. 예문들은 다음과 같다.

There's is **no other way** left to me.
(내가 달리 하릴없다.)
There is no other way than to push forward.
(배짱으로 나갈 수 밖에 없다.)
He would have to accept it; there was no other way.
(그는 그것을 인정해야 하게 되었다. 다른 방도가 없었으니까.)

7. And our love would rule this: 노래에서는 **this**가 이 행의 끝에 붙어 나오지만, 의미상으로 볼 때 여기 있는 this는 다음 행에 나온 Kingdom과 연결된다.

기억할 만한 영어 문장

1. I would be the sunlight in your universe.

(나는 당신의 우주 속의 빛이 되고 싶어요.)

2. This love I have inside Is everything it seems.

(내 속에 있는 이 사랑이 보이는 모든 것으로 여겨져요.)

3. You would think my love was really something good.

(당신은 내 사랑이 정말 좋은 그 어떤 것이라고 생각할 거예요.)

* 팝송 에세이

상대방에게 하는 사랑의 제스처(gesture)는 손으로 상대방을 어루만져 주는 것만은 아닐 것이다. 상대방과 자신이 동등한 위치에 있음을 마음으로 인정할 때 비로소 사랑의 제스처는 시작이 되고 진행이 될 것이다. 상대방의 인격체가 온전히 인정될 때 모든 것들도 해줄 수 있을 것이라는 믿음이 생기게 되는 것이다. 불가능한 일도 시도해 볼 수 있고, 가상의 세계에서 두 사람이 주인공이 되는 판타지를 만들어 볼 수 있다. 새로운 왕국도 건설하여 왕과 왕비도 될 수 있고, 남을 지배하는 왕국이 아닌 자신들로만 이루어진 왕국의 번영을 위해 어떤 노력도 아끼지 않을 것이라고 다짐도 하게 될 것이다. 이런 것이 이루어지려면 가상의 세계를 만들어야 가능할 것이다. 그런 가상의 세계가 만들려는 의지가 '내가 세상을 바꿀 수 있다면'이라고 가정하게 되는 것이다.

둘 만의 사랑 세계에서는 둘만이 반짝반짝 빛나면 되는 것이다. 가상의 세계를 만들려고 노력하지 않아도 각자 상대방의 가슴에 반짝이는 별을 달아주기만 하면 사랑 세계는 빛나게 되는 것이다. 이렇게 빛나게 되면 서로의 세계 또는 우주 속에서 밝은 빛이 될 수 있는 것이다. 비교할 대상이 없기 때문에 서로에 대한 빛과 같은 존재가 되기 위해 마음을 기울여 정성을 다하고 서로 나누는 이야기에 공감하고 함께 마음을 맞추어 간다면 각자는 서로에게 빛과 같은 존재로서 남아있게 될 것이다.

사랑은 현실 세계와 가상 세계가 서로 넘나드는 세계이다. 사랑은 참 묘한 세계이다. 불가능을 가능하게 하고, 자신을 기꺼이 바칠 수 있는 마음도 가질 수 있는 것이기 때문에 사랑에는 경계를 넘어서는 일이 허다하다. 경계가 있으되 경계가 쉽게 무너져 내릴 수 있는 세계는 바로 사랑의 세계의 오묘함이다.

It Must Have Been Love

Sung by Roxette

(It must have been love but it's over now)
Lay a whisper on my pillow
Leave the winter on the ground
I wake up lonely, there's air of silence
In the bedroom and all around (all around)
Touch me now, I close my eyes and dream away

It must have been love but it's over now
It must have been good but I lost it somehow
It must have been love but it's over now
From the moment we touched 'til the time had run out

Make believing we're together
That I'm sheltered by your heart
But in and outside I turn to water
Like a teardrop in your palm
And it's a hard winter's day, I dream away

It must have been love but it's over now
It was all that I wanted now I'm living without
It must have been love but it's over now
It's where the water flows it's where the wind blows

It must have been love but it's over now
It must have been good but I lost it somehow
It must have been love but it's over now
From the moment we touched 'til the time had run out

Yeah it must have been love but it's over now
It was all that I wanted, now I'm living without

It must have been love but it's over now
It's where the water flows, it's where the wind blows
Ahh
(But it's over now)
Ahh
(It must have been love but it's over now)
Ahh

그건 사랑이었음에 틀림없어

족시터의 노래

(그건 사랑이었음에 틀림없지만 이젠 끝나버렸어요)
내 베개 위에 속삭임은 남겨두고
땅 위에 겨울을 남겨두네요
내가 외로움 속에서 깨어나면, 적막의 공기가 감돌아요
침실 그리고 사방에 (사방에)
지금 저를 만져 보세요, 난 눈을 감고 그리고 꿈속으로 갈게요

그건 사랑이었음에 틀림없지만 이젠 끝나버렸어요
그건 좋았음에 틀림없지만 난 어쨌든 그걸 잃어버렸어요
그건 사랑이었음에 틀림없지만 이젠 끝나버렸어요
우리가 서로를 만지던 그 순간부터 그 시간이 끝날 때까지

우리가 서로 함께 있는 척하고
당신 마음으로부터 보호받고 있는 척하며
겉으로도 속으로도 나는 눈물을 흘리고 있어요
당신 손에 맺힌 눈물처럼
그리고 힘든 겨울의 나날이에요 난 꿈속으로 갈게요

그건 사랑이었음에 틀림없지만 이젠 끝나버렸어요
그게 내가 원하던 전부였는데, 이젠 아무것도 없이 살아가고 있어요
그건 사랑이었음에 틀림없지만 이젠 끝나버렸어요
사랑은 물이 흐르는 곳이고, 바람이 부는 곳이에요

그건 사랑이었음에 틀림없지만 이젠 끝나버렸어요
그건 좋았음에 틀림없지만 난 어쨌든 그걸 잃어버렸어요
그건 사랑이었음에 틀림없지만 이젠 끝나버렸어요
우리가 서로를 만지던 그 순간부터 그 시간이 끝날 때까지

그래요 그건 사랑이었음에 틀림없지만 이젠 끝나버렸어요
그게 내가 원하던 전부였는데, 이젠 아무것도 없이 살아가고 있어요
그건 사랑이었음에 틀림없지만 이젠 끝나버렸어요
사랑은 물이 흐르는 곳이고, 바람이 부는 곳이에요
아
(하지만 이제 끝나버렸어요)
아
(그건 사랑이었음에 틀림없지만 이젠 끝나버렸어요)
아

* 영어 발음 제대로 듣거나 말하기

1) 이어지는 소리(연음)의 경우

(1) 약모음 이동

Lay a, all around, dream away, Like a, it's a

Lay a에서 a는 약모음 [ə]가 되어 앞 낱말 끝부분에 가서 붙어 '레이어'로 발음된다. Like a와 it's a도 마찬가지 경우이다. all around에서 around의 a는 약모음 [ə]가 되어 앞 낱말 끝부분에 가서 붙어 '오러 라운드'로 발음된다. dream away에서 away의 a는 약모음 [ə]가 되어 앞 낱말 끝부분에 가서 붙어 '쥬리머 웨이'에 가깝게 발음된다.

(2) 자음 이동

wake up, there's air, air of, lost it, in and

wake up에서 wake의 e는 낱말 끝에 있기 때문에 약화되고 그 앞에 있는 k가 뒤에 있는 낱말 앞부분에 가서 붙어 '웨이컵'으로 발음된다. there's air에서 there's의 자음 s가 뒤에 있는 낱말 앞부분에 가서 붙어 '데어 제어'에 가깝게 발음된다. air of에서 air의 자음 r이 뒤에 있는 낱말 앞부분에 가서 붙어 '에어러브'로 발음된다. 이 경우 of는 기능어이기 때문에 [əv]나 [ə]로 발음된다. lost it에서 lost의 자음 t가 뒤에 있는 낱말 앞부분에 가서 붙어 '로스틴'으로 발음된다. in and에서 in의 자음 n이 뒤에 있는 낱말 앞부분에 가서 붙어 '이낸'으로 발음된다.

2) 없어지는 소리(탈락)의 경우

pillow, And dream, sheltered by, moment we, touched 'til, till, hard winter's, all, wind blows

pillow에서 ll의 l은 같은 철자이기 때문에 앞의 l이 탈락되어 '필로우'로 발음된다.

And dream. till과 all도 마찬가지 경우이다.

sheltered by에서 sheltered의 ed 발음 [d]가 자음 r과 by의 자음 b 사이에 놓이기 때문에 탈락되어 '쉘터 바이'로 발음된다. 이런 경우는 자음과 자음 사이에 놓이는 여섯 개의 파열음인 철자—k/g, p/b, t/d—가 탈락되는 예이다.

moment we에서 moment의 t는 자음 n과 we의 자음 w 사이에 놓이기 때문에 탈락되어 '모우먼 위'로 발음된다. 이와 같이 자음과 자음 사이에 놓이는 여섯 개의 파열음인 철자—k/g, p/b, t/d—가 탈락되는 예로 hard winter's와 wind blows도 마찬가지 경우이다.

touched 'til에서 touched의 ed 발음 [t]가 'til의 t와 발음이 같기 때문에 앞의 ed가 탈락되어 '터치 틸'로 발음된다.

3) 닮는 소리(동화)의 경우

(1) 단타음화

but I, But in, water

but I에서 t가 강모음과 약모음 사이에 놓이면 단타음(單打音)으로 되어 t도, d도, r 도 아닌 발음이 된다. But in은 '버린'에 가깝게 발음된다. 이 소리는 한글로 정확하게 표기할 수 없으며 오직 소리로만 익힐 수밖에 없다. 특히 미국영어(American English)에서 두드러진 현상이다. But in과 water도 마찬가지 경우이다.

(2) 비음화

winter, and, wanted

미국영어(American English)의 경우 winter에서 t가 바로 앞에 있는 콧소리[비음] n을 닮아서 n으로 되었다가, n이 겹치기 때문에 앞의 n이 탈락되어 '위너'로 발음된다. 그런데 영국영어(British English)에서는 t를 그대로 발음하는 경우가 대부분이다. wanted도 마찬가지 경우이다.

미국영어(American English)의 경우 And에서 d가 바로 앞에 있는 콧소리[비음] n을 닮아서 n으로 되었다가, n이 겹치기 때문에 앞의 n이 탈락되어 '앤'으로 발음된다. 그런데 영국영어(British English)에서는 d를 그대로 발음하는 경우가 대부분이다.

4) 줄어진 소리(축약)의 경우

it's, there's, we're, I'm, 'til
be 동사의 경우인 it's, there's, we're와 I'm이 있다.
'til은 till과 마찬가지로 until의 줄어진 형태이다.

5) 주의해야 할 발음

must have been, **wh**isper, **dr**eam, tear**dr**op, **wh**ere
must have been은 도우미동사 과거+have+과거분사의 형태이다. 이런 형태로 되어있는 경우에는 세 개의 낱말이 한 박자를 받아야 하기 때문에 주어진 시간 안에 발음하려면 일부를 줄이거나 또는 약하게 발음할 수밖에 없다. 이 세 개의 낱말 가운데 have가 've로 하거나 have로 되어 있다 할지라도 발음을 약하게 해야 된다. must have called는 '머스트 해브 빈'이 아니라 '머스터브 빈'에 가깝게 발음된다.
whisper와 **wh**ere에서 wh~로 시작되는 낱말은 'w' 뒤에 있는 'h'의 소리가 보통 들리지 않는다. 그러니까 whisper는 '휘스퍼'라기 보다 '위스퍼'에 가깝게, where는 '훼어'라기 보다 '웨어'에 가깝게 발음된다. 그러나 사람과 관련된 who, whose와 whom은 예외로 'h' 소리가 그대로 난다.
dream와 tear**dr**op에서 'dr~'의 발음은 '드'와 '주'의 중간쯤 되는 소리로 '쥬'에 가깝게 발음된다. 따라서 dream은 '드림'이라기 보다 '쥬림'에 가깝게, teardrop은 '티어드롭'이라기 보다 '티어쥬랍'에 가깝게 발음된다.

* 팝송에 들어 있는 쓸모 있는 영어 표현들

1. It must have been love but it's over now: **must have been**은 도우미동사(조동사)+have+과거분사의 형태는 과거의 어떤 상황이나 행위에 대한 강한 추측을 나타낸다. 예문들은 다음과 같다.

Her drink **must have been** drugged.

(그녀의 술에 누군가가 약을 탄 것이 틀림없었다.)

His age was hard to guess - he must have been nearing fifty.

(그는 나이를 짐작하기 어려웠다. 쉰이 다 된 것이 틀림없었다.)

A: You must have been upset by that.

B: Was I ever!

(A: 그것 때문에 마음이 상했겠어요.

B: 그랬고말고!)

it's over는 '끝났어, 벌써 끝났어'라는 뜻이다. 예문들은 다음과 같다.

I am glad **it's** all **over**.

(그게 끝나서 난 기뻐.)

It's all over. There's nothing to be afraid of now.

(모두 끝났어. 이제 두려워할 건 아무것도 없어.)

It would be a pity to give up now. It's almost over.

(거의 끝나가는 데 지금 포기하다니 안타깝다.)

2. Lay a whisper on my pillow: 이 글은 글자 그대로 '베개위에 속삭임을 두다[놓다]'라는 것은 '베개를 베고 속삭이다'라는 뜻이다.

3. Leave the winter on the ground: 이 글은 글자 그대로 '땅바닥에 겨울을 남겨두어요'라는 것은 '땅바닥에 겨울을 남겨두어요'라는 것은 '땅바닥에 차가운 기운을 남겨두어요'라는 뜻이다.

4. I wake up lonely, there's air of silence: **air of silence**는 '적막감'이란 뜻이다. 이 경우 air는 어떤 자리 · 장면에서 느껴지는 느낌인 '분위기'라고 할 수 있다. 예문으로 An **air** of silence filled the house.(집 안에는 적막만이 감돌았다.)를 들 수 있다.

5. And dream away: **dream away**는 '…을[를] 몽상하며 시간을 보내다'라는 뜻이다. 예문들은 다음과 같다.

The foolish young man is **dreaming away** his time.
(그 어리석은 청년은 시간을 허송하고 있다.)

We dreamed away the afternoon, watching the clouds.
(우리는 구름을 보며 멍하니 오후를 보냈다.)

She dreamt her life away, never really achieving anything.
(그녀는 결코 어떤 것도 정말로 성취하지 못하면서 그녀의 삶을 허송하고 있다.)

6. From the moment we touched till the time had run out: **the moment** (that)…는 '…하는 바로 그 순간[…하자마자]'라는 뜻으로 쓰인다. 예문들은 다음과 같다.

I want to see him **the moment** he arrives.
(나는 그가 도착하자마자 만나고 싶다.)

The moment I closed my eyes, I fell asleep.
(나는 눈을 감자마자 잠들었다.)

He plied me with questions from the moment he arrived.
(그는 도착하는 순간부터 나에게 질문을 퍼부어 댔다.)

run out은 1) '(공급품을) 다 쓰다, 다 떨어지다[되다]', 2) '(시간 · 힘 등이) 다하다', 3) '뛰쳐나가다'와 4) '만료되다'(=expire)라는 뜻이다. 이 노래에서는 2)의 뜻으로 쓰이고 있다.

1)의 예문들은 다음과 같다.

We are **running out** of fuel.
(우리는 연료가 떨어져 간다.)

Conditions are getting worse and supplies are running out.

(상황이 더 나빠지고 있고 비축 물자는 다 떨어져 간다.)

When toner runs out, pull out the toner cartridge, and replace it with a new one.

(토너가 소진된 경우 토너 카트리지를 꺼내고 새것으로 교체하십시오.)

2)의 예문들은 다음과 같다.

It seems that his luck has **run out**.

(그의 운도 다한 것 같다.)

I hope I'm on another boat when your luck runs out.

(당신의 운이 다 했을 때 내가 다른 배에 타 있기를 나는 바래.)

Time was running out and they were getting desperate.

(시간이 다 되어 가면서 그들은 점점 절박해졌다.)

3)의 예문들은 다음과 같다.

She **ran out** into the corridor.

(그녀가 달려 나가 복도 안으로 들어갔다.)

She ran out into the street in her pajamas.

(그녀는 잠옷 바람으로 거리로 뛰어나갔다.)

I didn't expect anyone to run out like that.

(누군가가 그렇게 뛰어 나갈 줄은 난 몰랐어요.)

4)의 예문들은 다음과 같다.

Our lease **runs out i**n January.

(임대 계약이 일월에 만료돼요.)

The contract runs out next June.

(그 계약은 다음 육 월에 만료된다.)

When the lease ran out the family moved to Cleveland.

(임차 기간이 만료되자 그 가족은 클리브랜드로 옮겨 갔다.)

7. Make believing we're together: **make believe**는 '(…인) 체[척]하다, …처럼 보이게하다'라는 뜻이다. 예문들은 다음과 같다.

I'll **make believe** I didn't hear you.
(난 네 말을 못들은 척 할 거야.)

Make believe you don't know me, too.
(너도 나 모르는 척해.)

Let's make believe that we are cowboys.
(카우보이 놀이를 하자.)

8. That I'm sheltered by your heart: shelter는 명사로 '주거지, 피신[대피], 대피처[피신처], 쉼터'로 쓰인다. **shelter**는 동사로 '(비 · 바람 · 위험 등을[으로부터] 막아 주다[피할/쉴 곳을 제공하다], 보호하다, (어느 장소에서 비바람 · 위험 등을) 피하다'라는 뜻으로 쓰인다. 이 노래에서는 동사로 쓰이면서 비유적인 의미로 쓰이고 있다. 예문들은 다음과 같다.

Trees **shelter** the house from the wind.
(나무들이 그 집의 바람막이가 되어 준다.)

Perhaps I sheltered my daughter too much.
(아마 내가 딸을 지나치게 보호했던 것 같다.)

They sought in vain for somewhere to shelter.
(그들은 몸을 가릴 곳을 찾았으나 허사였다.)

9. But in and outside I turn) to water: **in and outside**는 '안팎으로'라는 뜻이다. **turn to**는 1) '…쪽으로 향하다', 2) '~에게 도움을 청하다 (도움 · 조언 등을 위해) ~에 의지하다', 3) '일에 착수하다', 4) '(페이지 따위)를 열다'와 5) '~으로 변하다'라는 뜻이다. 이 노래에서는 1)의 뜻이 비유적으로 쓰이고 있다. turn to water는 글자 그대로 '물 쪽으로 향하다'라는 뜻이지만 '눈물을 흘린다'고 볼 수 있다. 바로 앞에 나온 in and outside를 '안팎'으로 보게 되면 눈물을 겉으로 흘리기고 하고 내면으로 흘리기도 한다고 볼 수 있다.

1)의 예문들은 다음과 같다.

Turn to the left.

(왼쪽으로 방향을 바꿔라.)

Down the hall and turn to your right.

(복도를 쭉 내려가다 오른쪽으로 도세요.)

If you turn to the left, you will find the house.

(왼쪽으로 돌면, 그 집을 찾을 겁니다.)

2)의 예문들은 다음과 같다.

She has nobody she can **turn to.**

(그녀는 의지할 수 있는 사람이 아무도 없다.)

I have no place to go to and no one to turn to.

(세상 어디에도 이 한 몸 의탁할 곳이 없다.)

In times of crisis I know which friends I can turn to.

(위기가 오면 내가 의지할 수 있는 친구가 어떤 친구인지를 나는 안다.)

3)의 예문들은 다음과 같다.

Let me **turn to** postal voting.

(부재자 투표로 넘어가 보겠습니다.)

Let me turn to embryo testing.

(배아 실험을 시작할 게요.)

We need to turn to driving revenue.

(우리가 집중해야 하는 것은 매출을 신장하는 것이니까요.)

4)의 예문들은 다음과 같다.

All right class, **turn to** page 20.

(자, 여러분, 이십 쪽으로 넘어가요.)

Take out your book and turn to page 4.

(책을 꺼내서 사 페이지를 펴세요.)

Turn to page 12 for a preview of next week's programmes.

(다음 주 프로들에 대한 안내는 십이 페이지를 보세요.)

5)의 예문들은 다음과 같다.

Love can **turn to** hate.

(사랑은 증오로 변할 수 있지.)

Water turns to ice when it freezes.

(물이 얼면 얼음이 된다.)

Solids turn to liquids at certain temperatures.

(고체는 특정 온도에서 액체로 변한다.)

10. Like a teardrop in your palm: **teardrop**은 '눈물방울'이고 **palm**은 '손바닥'이란 뜻이다. 그러니까 '당신의 손바닥에 고인 눈물방울처럼'이란 뜻이다.

11. And it's a hard winter's day: **hard winter**는 '매우 추운 겨울[엄동]'이란 뜻이다. 예문들은 다음과 같다.

It looks like a **hard winter**.

(매우 추운 겨울인 것 같아.)

It had been a hard winter.

(혹독하게 추운 겨울이었다.)

It was the longest, hardest winter anyone could remember.

(누구나 기억할 수 있었던 가장 길고 매우 추운 겨울이었다.)

12. It's where the water flows it's where the wind blows: 이것은 '사랑은 물이 흐르는 곳이고, 바람이 부는 곳이다'라는 것은 어쩌면 사랑의 모든 행위가 자연스럽게 이루어져야 하는 것이 아닐까라고 비유적으로 표현하고 있다고 이해하면 될 것이다.

기억할 만한 영어 문장

1. It must have been love but it's over now.

(그건 사랑이었음에 틀림없지만 이젠 끝나버렸어요.)

2. It was all that I wanted, now I'm living without.

(그게 내가 원하던 전부였는데, 이젠 아무것도 없이 살아가고 있어요.)

3. Touch me now, I close my eyes and dream away.

(지금 저를 만져 보세요. 난 눈을 감고 그리고 꿈속으로 갈게요.)

* 팝송 에세이

언젠가 우리는 낯선 사람을 만난다. 어느 때고 우리는 마음에 드는 사람을 발견하게 된다. 낯선 사람이 낯설지 않게 보이게 되고 마음에 드는 사람이 더 좋아지게 되고 더 나아가 놓치고 싶지 않을 때 사랑은 시작된다. 어떤 경우에는 첫눈에 반하는 경우도 있지만, 그건 첫인상에 대한 인간의 선입견에서 비롯되는 것이다. 첫인상으로 상대방을 판단한다는 것은 올바르지도 않지만 바람직하지도 않다. 그런데 이런 인상이 상대방에 대한 호감도의 대부분을 결정하는 것은 엄연한 현실일지 모른다. 좀 더 차분하게 만나게 되면서 상대방의 인간 됨됨이의 조각조각들을 퍼즐 맞추듯이 맞추어 가면서 사랑을 나누게 된다면 사랑의 여정은 시작되고 계속 진행될 것이다. 퍼즐이 다 맞추어지게 되면 작품이 완성되듯이 사랑이 완성되려면 전체 윤곽이 맞아 떨어지고 조화로운 세계가 사랑하는 사람들의 눈앞에 펼쳐져야 한다.

그렇지만 사랑이 그렇게 쉽게 계산하듯이 이루어지는가? 사랑인 듯 사랑이 아닌 듯 보이기도 하고 진행이 되기도 한다. 그러다가 어떤 이유에서든 헤어지게 되는 경우가 더 많이 일어날 수 있다. 헤어지리라는 생각을 미처 하지 못하고 아니 해오지 못하다가 헤이지게 되는 경우에는 상실감 때문에 외로움과 적막감이 한꺼번에 밀려오게 될 것이다. 그런 상황에 빠져서 허우적거리고 있다가 조금 정신이 들게 되면 회상을 하게 될 것이다. 미처 깨닫지 못했던 사랑을 그 때서야 뒤늦게 과거의 만남이 사랑이었음을 알게 된다. 때늦은 후회 때문에 눈물도 흘리게 되고 한탄도 하게 되고 힘든 시간이 이어지기도 할 것이다. 돌이켜 보면 사랑을 느꼈던 순간부터 사랑이 끝나는 순간까지 파노라마처럼 눈앞에 펼쳐지게 됨을 확인할 수도 있을 것이다. 하지만 좌절된 마음을 추스르고 일어서야만 어느 정도의 시간이 지난 후에 새롭게 사랑의 여정을 찾게 될 것이다. 사랑의 한 번으로만 끝나는 것이 아니라 한평생 동안 이루어질 수 있는 것이 사랑이기 때문이다.

★ 덧붙이는 글 ★

영화 『귀여운 여인』(*Pretty Woman*)의 오리지널 사운드 트랙(OST)이다.

Love Beside Me

Sung by Sarah McLachlan

I know now there's no one here to blame
I could but what good would that do, it wouldn't change a thing
So I grew accustomed to the shame
The sharp sting of your poison trying so hard to erase all the good in me

If this is love beside me, I'm working on forgiveness
Laying the past down behind me
Letting go the ways that I've been hurt
Let the rivers rise and rage
I'll try and stand with grace
If everything is love

In the end the war had left us broken mourning all the things I'd lost
The debts I couldn't pay but I didn't want to disappear
I was caught in TV static sinking into grey
No more to give away

If this is love beside me, I'm working on forgiveness
Laying the past down behind me
Letting go the ways that I've been hurt
Let the rivers rise and rage
I'll try and stand with grace
If everything is love

If this is love beside me, I'm working on forgiveness
Laying the past down behind me
Letting go the ways that I've been hurt
Let the rivers rise and rage
I'll try and stand with grace
If this is love beside me, oh oh oh oh
If this is love beside me, oh oh oh oh
If this is love beside me

내 옆의 사랑

새로 맥라크런의 노래

난 이제 알아 여기엔 아무도 책임질 사람이 없다는 걸
내가 그럴 수 있지만 그런다고 뭐가 좋아지겠어. 그렇다고 상황은 변하지 않을 거야
그래서 난 창피함에 익숙하게 됐어
너의 날카로운 독침은 내 안의 모든 좋은 것들을 지우려고 무척 애쓰고 있어

이게 내 옆의 사랑이라면, 용서하도록 해보고 있어
내 옆에 과거가 누워있도록
내가 상처받은 방식들을 버리도록
강이 솟구치고 사납게 날뛰도록
난 우아하게 견디도록 해볼 거야
모든 게 사랑이라면

결국 전쟁은 내가 잃은 모든 것에 찢어지게 비통해하며 우리를 내버려 두었어
내가 갚을 수 없는 빚이지만 난 사라지고 싶진 않았어
내가 회색으로 침몰해가는 텔레비전 화면에 사로잡혀서
더 이상 버릴 것도 없어

이게 내 옆의 사랑이라면, 용서하도록 해보고 있어
내 옆에 과거가 누워있도록
내가 상처받은 것들을 버리도록
강이 솟구치고 사납게 날뛰도록
난 우아하게 견디도록 해볼 거야
모든 게 사랑이라면

이게 내 옆의 사랑이라면, 용서하도록 해보고 있어
내 옆에 과거가 누워있도록
내가 상처받은 것들을 버리도록
강이 솟구치고 사납게 날뛰도록
난 우아하게 견디도록 해볼 거야
이게 내 옆의 사랑이라면 아 아 아 아
이게 내 옆의 사랑이라면 아 아 아 아
이게 내 옆의 사랑이라면

* 영어 발음 제대로 듣거나 말하기

1) 이어지는 소리(연음)의 경우

(1) 약모음 이동

change a, give away

change a에서 a는 약모음 [ə]가 되어 앞 낱말 끝부분에 가서 붙어 '체인저'로 발음된다. give away에서 away의 a는 약모음 [ə]가 되어 앞 낱말 끝부분에 가서 붙어 '기버 웨이'로 발음된다.

(2) 자음 이동

good in, left us, caught in

good in에서 good의 자음 d가 뒤에 있는 낱말 앞부분에 가서 붙어 '구딘'으로 발음된다. caught in도 마찬가지 경우다. left us에서 left의 자음 t가 뒤에 있는 낱말 앞부분에 가서 붙어 '레프터스'로 발음된다.

2) 없어지는 소리(탈락)의 경우

could but, would that, that do, wouldn't change, accustomed to, hard to, all, past down, behind me, Let the, and rage, and stand, debts, couldn't pay, didn't want, disappear

could but에서 could의 d는 자음 l과 but의 자음 b 사이에 놓이기 때문에 탈락되어 '쿠벗'으로 발음된다. 이와 같이 자음과 자음 사이에 놓이는 여섯 개의 파열음인 철자—k/g, p/b, t/d—가 탈락되는 예로 wouldn't change, hard to, past down, behind me, and rage, and stand, debts, couldn't pay와 didn't want가 해당된다.

would that에서 would의 d가 that의 th[ð]와 비슷한 발음이기 때문에 앞에 있는 d가 탈락되어 '우댓'으로 발음된다.

that do에서 that의 t가 do의 d와 같은 위치에서 발음되기 때문에 앞에 있는 t가 탈락되어 '대두'에 가깝게 발음된다.

accustom**ed** to에서 accustomed의 ed 발음 [d]가 to의 t와 같은 위치에서 발음되기 때문에 앞에 있는 ed가 탈락되어 '어커스텀터'로 발음된다.

a**l**l에서 ll의 l은 같은 철자이기 때문에 앞의 l이 탈락되어 '올'로 발음된다.

disa**p**pear도 마찬가지 경우이다.

Le**t** the에서 Let의 t가 the의 th[ð]과 비슷한 발음이기 때문에 앞에 있는 t가 탈락되어 '레더'에 가깝게 발음된다.

3) 닮는 소리(동화)의 경우

(1) 단타음화

Le**tt**ing

Le**tt**ing에서 t(t)가 강모음과 약모음 사이에 놓이면 단타음(單打音)으로 되어 t도, d도, r도 아닌 발음이 된다. Letting은 '레링'에 가깝게 발음된다. 이 소리는 한글로 표기할 수 없으며 오직 소리로만 익힐 수밖에 없다. 특히 미국영어(American English)에서 두드러진 현상이다. par**t** **o**f도 마찬가지 경우이다.

4) 줄어진 소리(축약)의 경우

there'**s**, would**n't**, I'**m**, I'**ve**, I'**ll**, I'**d**, could**n't**, did**n't**,

be 동사의 경우인 there'**s**와 I'**m**, 부정형인 would**n't**, could**n't**와 did**n't**, have 동사 의 경우인 I'**ve**와 I'**d**, 도우미동사(조동사)의 경우인 I'**ll**이 있다. 이 가운데 I'**ll**에서 'll 이 한국인이 발음하기에 가장 힘든 예이다. 그 이유는 'll은 will의 줄인 형태인데 'll' 이 한국어에 없는 발음으로, 'l'은 혀를 입천장에 붙여서 소리를 내야 하는데, 한국어에는 이렇게 소리를 내는 것이 없기 때문이다.

5) 주의해야 할 발음

what, **tr**ying, **tr**y

what에서 wh~로 시작되는 낱말은 'w' 뒤에 있는 'h'의 소리가 보통 들리지 않는다. 그러니까 what는 '홧'이라기 보다 '왓'에 가깝게 발음된다. 그러나 사람과 관련된 who, whose와 whom은 예외로 'h' 소리가 그대로 난다.

trying과 **tr**y에서 'tr~'의 발음은 '츠'와 '추'의 중간쯤 되는 소리로 '츄'에 가깝게 발음된다. trying은 '트라잉'이라기 보다 '츄라잉'에 가깝게, try는 '트라이'이라기 보다 '츄라이'에 가깝게 발음된다.

* 팝송에 들어 있는 쓸모 있는 영어 표현들

1. I know now there's no one here to blame: 여기서 **blame**은 '…을[를] 탓하다, …책임으로 보다'라는 뜻이다. be to blame (for something)은 '(~에 대한) 책임이 있다 [책임을 져야 하다]'라는 뜻으로 쓰인다. 예문들은 다음과 같다.

I don't **blame** you for thinking that way.
(네가 그런 식으로 생각 하는 것에 대해서 나는 비난하지 않는다.)

Which driver was to blame for the accident?
(그 사고는 어느 운전자 책임이었나요?)

The report states explicitly that the system was to blame.
(그 보고서는 시스템에 문제가 있었다고 분명히 진술하고 있다.)

2. The sharp sting of your poison trying so hard to erase all the good in me: **the good**은 'the+형용사'의 형태로 일반적인 추상적 개념을 언급하는 형용사는 단수명 사로 쓰인다. the good은 '선, 좋은 것'이라고 할 수 있다. 예문들은 다음과 같다.

It was impossible to tell **the good** from the bad.

(좋은 것과 나쁜 것을 구별하기가 불가능했다.)

This silk is supposed to be the very best of its kind.

(이 비단은 그중에 가장 좋은 것이라고 한다.)

Workers go through crates of old phones, separating the good from the bad.

(근로자들은 안 좋은 것에서 좋은 것들을 분리하면서 .구식 휴대전화들의 상자를 샅샅이 조사한다.)

3. If this is love beside me, I'm working on forgiveness: work on은 work on sb와 work on sth의 경우로 쓰인다. **work on sb**는 '(설득시키려고) ~에게 공을 들이다' 라는 뜻으로 쓰인다.

Flattery doesn't **work on** him.

(그에게는 아부가 통하지 않는다.)

His charm doesn't work on me.

(그의 매력이 내게는 효과가 없다[먹혀들지 않는다].)

He hasn't said he'll do it yet, but I'm working on him.

(그가 그것을 하겠다고 아직 말은 안 했지만 내가 그에게 계속 공을 들이고 있다.)

work on sth은 '(해결 · 개선하기 위해) ~에 애쓰다[공들이다], ~에 노력을 들이다. 착수하다'라는 뜻으로 쓰인다.

Many of you will **work on** your academics.

(여러분 대부분은 학업실력 향상을 위해 노력할 것이다.)

It is time to work on the quality information.

(이제 정보의 질에 힘을 쓸 때이다.)

You need to work on your pronunciation a bit more.

(자네는 발음에 좀 더 공을 들일[발음 연습을 좀 더 할] 필요가 있다.)

4. Letting go the ways that I've been hurt: **let go**는 let sb go로 쓰여 1) '~를[을] 풀어 주다[석방하다], 가게 내버려 두다'와 2) '~를[을] 해고하다'로, let sb/st go로 쓰여 3) '(손으로 잡고 있던 것을) 놓다'와 4) '(생각 · 태도 · 장악하고 있던

것을) 버리다[포기하다]'와 let sth go로 쓰여 5) '(집 · 정원 등을 돌보는 것을) 그만두다'라는 뜻으로 쓰인다. 이 노래에서는 4)의 뜻으로 쓰이고 있다.

1)의 예문들은 다음과 같다.

Please **let** me **go**.

(제발 나 좀 가게 해줘.)

You just have to let go of him.

(당신은 그냥 그를 보내줘야 해.)

No matter what happens, don't let go.

(무슨 일이 생긴다 하더라도 보내지 마라.)

2)의 예문들은 다음과 같다.

I've been **let go**.

(나는 회사에서 잘렸다.)

Business was slack and many employees were let go.

(불경기 탓으로 많은 종업원들이 해고됐다.)

They're having to let 100 employees go because of falling profits.

(그들이 수익 감소 때문에 백 명의 직원을 해고해야 할 것이다.)

3)의 예문들은 다음과 같다.

Hang on to that rope and don't **let go**.

(그 밧줄 꽉 붙잡고 놓치지 마.)

Hold on and don't let go until I say so.

(내가 그러라고 할 때까지 놓지 말고 계속 잡고 있어.)

He grabbed hold of me and wouldn't let go.

(그가 나를 단단히 붙잡고는 놔 주려고 하지 않았다.)

4)의 예문들은 다음과 같다.

It's time to **let** the past **go**.

(이제 과거는 버려야 할 때이다.)

It's time to let go of the past.
(이제 과거는 버려야 할 때이다.)

I let go of the hate, the rage and the envy.
(나는 미움과 노여움 그리고 부러움도 버렸다.)

5)의 예문은 다음과 같다.

I'm afraid I've **let** the garden **go** this year.
(올해는 정원 가꾸는 일을 그만두어야 할 것 같다.)

5. Let the rivers rise and rage: **Let the rivers rise**에서 let 다음에 목적어(the rivers)가 나오고 그 뒤에 to 부정사가 나와야 하는데 let가 허용이나 허락을 하는 경우 알몸동사(원형동사; bare infinitive)가 쓰여 to rise가 아니라 rise로 된다.

6. **I'll try and stand with grace: with grace**는 전치사+추상명사의 경우로 '난 우아하게 견디도록 해 볼 거야'로 이해하면 될 것이다. with+추상명사는 부사로 옮기면 된다. 예문들은 다음과 같다.

She passed the exam **with ease**.
(그녀는 그 시험에 수월하게 합격했다.)

He spoke slowly and with great difficulty.
(그는 천천히 몹시 힘겹게 말을 했다.)

Treat all people with politeness, dignity and respect.
(모든 사람들은 공손하고 품위있고 존중하면서 대하세요.)

기억할 만한 영어 문장

1. I'll try and stand with grace.
(나는 우아하게 견디도록 해볼 거야.)
2. I know now there's no one here to blame.
(나는 이제 알아 여기엔 아무도 책임질 사람이 없다는 것을.)
3. If this is love beside me, I'm working on forgiveness.
(이게 내 옆의 사랑이라면, 용서하도록 해보고 있어.)

* 팝송 에세이

사랑은 손등과 손바닥의 관계처럼 기쁨과 슬픔이 함께 하고 있다. 사랑을 하는 경우 기쁨만을 기대해서도 되지 않고, 슬픔이 찾아온다 할지라도 두려움에 떨 필요가 없다. 사랑의 밝은 면과 어두운 면은 서로 등을 기대어 있다. 함께 있으려면 등을 기대어 이야기를 해야 하듯이 기쁨과 슬픔은 맞닿아 있으면서 바로 옆에 있는 것이다.

사랑의 끈기는 힘들고 어려울 때, 그리고 상대방이 자신의 마음을 아프게 하고 상처를 입히고 떠나려고 할 때 욕하지 않고 버티면서 참고 용서하는 미덕이 으뜸일 것이다 사랑은 일시적인 현상이 아니라 계속 이어지는 시간의 고리인 것이다. 시간의 고리가 하나하나 이어져 나가듯이 사랑은 시간이 흘러감에 따라 영글어지는 그 무엇이다. 사랑은 일시적인 기분에 의해 마음에 들지 않는다고 팽개칠 그런 대상도 아니다. 사랑은 때로는 마카다미아의 껍질처럼 단단하게 보이지만, 사실은 사랑은 마카다미아 알맹이처럼 은은한 맛과 나지막하게 입안을 감도는 향기와 사각사각한 식감처럼 부드럽게 살금살금 다가오기에 때로는 기다릴 필요가 있다. 좋지 않았던 과거를 제쳐두고 다가 올 미래를 머릿속으로 그리며 지금 여기에서 상대방을 용서하면서 기다릴 때 찾아 올 사랑은 제자리를 찾게 될 것이다. 사랑하는 사람은 기다리면서 용서하면서 책망하지 않으면서 '우아하게 견디려고 하면서' 시간의 화살 방향을 자신에게 오도록 기도해 봄직도 하다. 과거의 갈등과 좋지 않았던 사건들은 접어두고 이해하고 용서하려는 마음으로 견디게 된다면 오게 될 사랑은 차츰 다가와 어느 새 가까이 와 있음을 느끼게 될 것이다.

★ 덧붙이는 글 ★

가수이자 싱어송라이터인 캐나다의 새러 맥러크런은 그녀의 감성적인 음악으로 유명하다. 가사 가운데 past를 미국영어 발음 '패스트'가 아닌 영국영어 발음이 '파스트'로 발음하고 있다.

Love Doesn't Ask Why

Sung by Celine Dion

Love doesn't ask why
It speaks from the heart
And never explains
Don't you know that love
Doesn't think twice
It can come all at once
Or whisper from a distance

Don't ask me if this feeling's right or wrong
It doesn't have to make much sense
It just has to be this strong
'Cause when you're in my arms I understand
We don't have a voice
When our hearts make the choices
There's no plan
It's not in our hands

Love doesn't ask why
It speaks from the heart
And never explains
Don't you know that love
Doesn't think twice
It can come all at once
Or whisper from a distance

Now I can feel what you're afraid to say
If you give your soul to me
Will you give too much away
But we can't let this moment pass us by
Can't question this chance

Or expect any answers
We can try
Maybe we can try

Love doesn't ask why
(Doesn't ask you why)
(It speaks from the heart)
And never explains
Don't you know that love
Doesn't think twice
It can come all at once
Or whisper from a distance

So let's take what we found
And wrap it around us

Love doesn't ask why
It speaks from the heart
(And never explains)
Don't you know
Don't you know that love
Baby, love doesn't ask why
(It speaks from the heart)
And never explains
(And never explains)
Don't you know that love, love, love
Doesn't think twice
(Doesn't think twice)
It can come all at once
Or whisper from a distance
(Whisper from a distance)

Love doesn't ask why

사랑은 이유를 묻지 않아요

서린 디온의 노래

사랑은 이유를 묻지 않고
그것은 마음으로부터 말해요
그리고 결코 설명하지 않아요
당신은 모르시나요 사랑은
두 번 생각하지 않는다는 것을
그것은 갑자기 다가 올 수 있고
또는 멀리서부터 속삭일 수 있지요

이 감정이 옳은지 그런지 나에게 묻지 마세요
그것은 많은 뜻이 있다고 이해할 필요가 없어요
그것은 이렇게 강해져야만 해요
당신이 내 팔에 안겨 있을 때 난 이해해요
우리가 자신의 목소리를 내지 않아도 돼요
우리들의 마음이 선택을 할 때는
계획은 없고
우리들 수중에도 없어요

사랑은 이유를 묻지 않고
그것은 마음으로부터 말해요
그리고 결코 설명하지 않아요
당신은 모르시나요 사랑은
두 번 생각하지 않는다는 것을
그것은 갑자기 다가 올 수 있고
또는 멀리서부터 속삭일 수 있지요

이제 나는 당신이 말하길 두려워한다는 걸 느낄 수 있어요
당신이 당신의 영혼을 나에게 준다면
당신은 너무나 많은 것을 주는 게 아닐까요
하지만 우리들은 이 순간이 우리를 그냥 지나쳐 가게 할 수 없어요
이런 기회를 물어볼 수 없고
어떤 답변을 기대할 수 없어요
우리들을 하려면 할 수 있을 거예요
아마도 우리들은 하려면 할 수 있을 거예요

사랑은 이유를 묻지 않고
(당신에게 이유를 묻지 않아요)
(그것은 마음으로부터 말하며)

그리고 결코 설명하지 않아요
당신은 모르시나요 사랑은
두 번 생각하지 않는다는 것을
그것은 갑자기 다가 올 수 있고
또는 멀리서부터 속삭일 수 있지요
그래서 우리가 찾은 것을 갖고
그리고 그것이 우리들을 감싸도록 해요

사랑은 이유를 묻지 않고
그것은 마음으로부터 말하며
(그리고 결코 설명하지 않아요)
당신은 모르시나요
당신은 모르시나요 사랑은
그대여, 사랑은 이유를 묻지 않고
(그것은 마음으로부터 말하며)
그리고 결코 설명하지 않아요
(그리고 결코 설명하지 않아요)
당신은 모르시나요 사랑, 사랑, 사랑은
두 번 생각하지 않는다는 것을
(두 번 생각하지 않는다는 것을)
그것은 갑자기 다가 올 수 있고
또는 멀리서 속삭일 수 있지요
(멀리서 속삭일 수 있지요)

사랑은 이유를 묻지 않아요

* 영어 발음 제대로 듣거나 말하기

1) 이어지는 소리(연음)의 경우

(1) 약모음 이동

from a, right or, have a, much away, it around

from a에서 a는 약모음 [ə]가 되어 앞 낱말 끝부분에 가서 붙어 '훠라머'에 가깝게 발음된다. have a도 마찬가지 경우이다. right or에서 or은 접속사이기 때문에 기능어로서 이 경우 o는 약모음 [ə]가 되어 앞 낱말 끝부분에 가서 붙어 '라이러'에 가깝게 발음된다. much away에서 away의 a는 약모음 [ə]가 되어 앞 낱말 끝부분에 가서 붙어 '머치어 웨이'로 발음된다. it around에서 around의 a는 약모음 [ə]가 되어 앞 낱말 끝부분에 가서 붙어 '이러 라운드'로 발음된다.

(2) 자음 이동

around us

around us에서 around의 자음 d가 뒤에 있는 낱말 앞부분에 가서 붙어 '어라운더스'로 발음된다.

2) 없어지는 소리(탈락)의 경우

And never, Doesn't think, think twice, Don't ask, doesn't have, don't have, hands, Will, can't let, let this, moment pass, Can't question, And wrap

And never에서 And의 d는 자음 n과 never의 자음 n 사이에 놓이기 때문에 탈락되어 '앤네버'로 발음된다. 이와 같이 자음과 자음 사이에 놓이는 여섯 개의 파열음인 철자—k/g, p/b, t/d—가 탈락되는 예로 think twice, Don't ask, doesn't have, don't have, hands, can't let, moment pass, Can't question와 And wrap이 해당된다.

Doesn't think에서 Doesn't의 t가 think의 th[θ]와 비슷한 발음이기 때문에 앞에 있는 t가 탈락되어 '더즌 싱크'에 가깝게 발음된다.

Will에서 ll의 l은 같은 철자이기 때문에 앞의 l이 탈락되어 '윌'로 발음된다.

let this에서 t가 this의 th[ð]와 비슷한 발음이기 때문에 앞에 있는 t가 탈락되어 '레디스'에 가깝게 발음된다.

3) 닮는 소리(동화)의 경우

(1) 구개음화

Don't you, what you're

Don't you에서 Don't의 t[t]와 you've의 y[j]가 합쳐지면 서로 닮아서 [tʃ]로 바뀌어 '돈츄'에 가깝게 발음된다. 따라서 이런 현상은 영국영어(British English) 보다 미국영어 (American English)에서 자주 나타나는 현상이다. what you're도 마찬가지 경우이다.

(2) 비음화

doesn't

미국영어(American English)의 경우 doesn't에서 t가 바로 앞에 있는 콧소리[비음] n을 닮아서 n으로 되었다가, n이 겹치기 때문에 앞의 n이 탈락되어 '더즌'에 가깝게 발음된다. 그런데 영국영어(British English)에서는 t를 그대로 발음하는 경우가 대부분이다.

4) 줄어진 소리(축약)의 경우

doesn't, Don't, feeling's, 'Cause, you're, There's, It's, can't, let's

부정형인 doesn't, Don't와 can't, be 동사의 경우인 feeling's, you're, There's와 It's, 인칭대명사 경우인 let's(=let us)가 있다.

'Cause는 because의 줄어진 형태이다.

5) 주의해야 할 발음

why, **whisper**, **have to**, **has to**, **when**, **can**, **what**, **Can't**, **try**

why, **whisper**, **when**과 **what**에서 wh~로 시작되는 낱말은 'w' 뒤에 있는 'h'의 소리가 보통 들리지 않는다. 그러니까 why는 '화이'라기 보다 '와이'에 가깝게, whisper는 '휘스퍼'라기 보다 '위스퍼'에 가깝게, when은 '휀'이라기 보다 '웬'에 가깝게, what은 '홧'이라기 보다 '왓'에 가깝게 발음된다. 그러나 사람과 관련된 who, whose와 whom은 예외로 'h 소리가 그대로 난다.

have to와 **has to**는 '~해야 한다'라는 뜻으로 have to는 우리가 보통 발음하는 '해브투'가 아닌 '해후터'([hæftə])에 가깝게, has to는 우리가 보통 발음하는 '해저투'가 아닌 '해서터'([hæstə])로 발음된다.

can과 **Can't**는 도우미동사로 기능낱말이기 때문에 약하게 발음한다. 그런데 can't 다음에 자음이 나오기 때문에 탈락되는 경우가 대부분이어서 can은 [kən]으로 can't는 [kæn]으로 발음하기로 약속이 되어 있다. 그런데 can이 문장 가운데 들어가는 경우가 [kən]으로 주로 발음되고 문장의 끝에 들어가는 경우에는 [kæn]으로 발음되는 경우가 대부분이다. can't는 기본적으로 [kæn]으로 발음되면서 can 보다 약간 길게 발음되는 경향이 있다.

try에서 'tr~'의 발음은 '츠'와 '추'의 중간쯤 되는 소리로 '츄'에 가깝게 발음된다. try는 '트라이'이라기 보다 '츄라이'에 가깝게 발음된다.

* 팝송에 들어 있는 쓸모 있는 영어 표현들

1. It can come all at once: **all at once**는 1) '갑자기, 돌연', 2) '모두 함께[동시에]'라는 뜻이다. 이 노래에서는 1)의 뜻으로 쓰이고 있다.

1)의 예문들은 다음과 같다.

All at once she lost her temper.

(갑자기 그녀가 버럭 화를 냈다.)

All at once there was someone knocking on the door.

(갑자기 누군가가 문을 두드렸다.)

All at once, Mick's serious expression softened into a grin.

(갑자기 믹의 심각한 표정이 부드러워지면서 환한 미소로 바뀌었다.)

2)의 예문들은 다음과 같다.

Then I'll just pay **all at once**.

(그러면 그냥 일시불로 하겠어요.)

It's a lot of information to absorb all at once.

(그것은 모두 한꺼번에 받아들이기엔 많은 정보다.)

She is a designer, painter and writer all at once.

(그녀는 디자이너와 화가와 작가의 역할을 동시에 하고 있다.)

2. Don't ask me if this feeling's right or wrong: if는 1) '…면'이라는 뜻으로 조건이나 여건을 나타내는 경우, 2) '…면'이라는 뜻으로 머릿속으로 상상하는 가정의 경우, 3) '…인지 아닌지' 또는 '…하면 어떨지'라는 뜻으로 쓰이는 경우이다. 1)과 2)는 부사 절을 이끄는 경우이고, 3)은 명사절을 이끄는 경우이다. 이 노래에서는 3)의 뜻으로 쓰이고 있다. 3)의 경우 ask, know, find out나 wonder 등의 동사 뒤에 쓰여 두 가지 이상의 가능성 가운데 하나를 도입할 때 쓰인다. 예문들은 다음과 같다.

Do you know **if** he's married?

(그가 결혼을 했는지 아니?)

I wonder if I should wear a coat or not.

(내가 외투를 입어야 할지 말아야 할지 모르겠어.)

He couldn't tell if she was laughing or crying.

(그는 그녀가 웃는지 우는지 알 수가 없었다.)

3. It doesn't have to make much sense: **don't have to**는 '~할 필요가 없다'라는 뜻이다. 예문들은 다음과 같다.

You **don't have to** knock—just walk in.

(노크할 필요 없어요. 그냥 들어와요.)

I know I was stupid; you don't have to rub it in.

(나도 내가 어리석었다는 거 알아. (그러니) 네가 굳이 자꾸 들먹이지 않아도 돼.)

You don't have to call the midwife as soon as labor starts.

(진통이 시작되자마자 조산사를 부를 필요는 없습니다.)

make sense는 1) '의미가[뜻이] 통하다[이해가 되다], 이해[설명]하기 쉽다'와 2) '타당하다[말이 되다], 이치에 맞다'라는 뜻으로 쓰인다.

1)의 예문들은 다음과 같다.

This sentence doesn't **make sense**.

(이 문장은 의미가 통하지 않는다.)

They tried to make sense of her mumblings.

(그들은 그녀가 중얼거리는 말을 이해하려고 애를 썼다.)

He was sitting there saying, "Yes, the figures make sense."

("네, 그 수치들이 이해가 되네요."라고 그가 거기 앉아서 말했다.)

2)의 예문들은 다음과 같다.

His answer does not **make sense**.

(그의 대답은 이치에 닿지 않는다.)

Some of them don't even make sense.

(어떤 이름은 말이 안 되는 경우도 있다.)

The equivocal sentences in his column does not make sense.

(그가 칼럼에 쓴 모호한 문장들은 말이 되지 않는다.)

4. We don't have a voice: **have a voice**는 '발언권이 있다'라는 뜻으로 쓰인다. 이 노래에서는 글자 그대로의 뜻이 아닌 비유적인 뜻으로 쓰이기 때문에 자신의 목소리를 내지 않는다는 것은 결국 자기 주장, 권위나 영향력을 행사할 필요가 없다는 것을 의미한다. 예문들은 다음과 같다.

All students **have a voice** in this issue.
(모든 학생들이 이 사안에 대해 발언권이 있다.)
Minority groups would not have a voice, either.
(소수 집단들 역시 발언권을 갖지 못할 것이다.)
The government wants students to have a voice in school.
(정부는 학생들이 학교에서 발언권을 갖길 바란다.)

5. When our hearts make the choices: **make a choice**는 '선택하다'라는 뜻이다. 여기서 make는 자주 쓰이는 동사(common verb) 가운데 하나이다. 이런 경우에는 자주 쓰이는 동사+a/an+명사의 형태가 되는데 이 가운데 명사의 동사 뜻과 같게 된다. 단, 명사가 복수인 경우에는 a/an이 생략된다. 예문들은 다음과 같다.

I'll call the restaurant and **make a reservation**.
(내가 그 식당에 전화를 해서 예약을 할게.)
Throw some money in the fountain and make a wish.
(그 분수 안에 돈을 좀 던지고 소원을 빌어요.)
Check out the lie of the land before you make a decision.
(결정을 내리기 전에 형세를 확인하라.)

6. But we can't let this moment pass us by: **let this moment pass**에서 let 다음에 목적어(this moment)가 나오고 그 뒤에 to 부정사가 나와야 하는데 let가 허용이나 허락을 하는 경우 알몸동사(원형동사; bare infinitive)가 쓰여 to pass가 아니라 pass로 된다. pass by는 1) '옆을 지나다. 지나치다, 옆을 지나가다, 지나가다'와 1) '(아무런 영향을 주지 않고) ~을[를] 스쳐 지나가다, 영향을 미치지 않다'와 3) '(법안 등이) 통과하다'라는 뜻으로 쓰인다. 이 노래에서는 2)의 뜻으로 쓰이고 있다.
1)의 예문들은 다음과 같다.

The procession **passed** right **by** my front door.
(그 행렬은 바로 우리 집 대문을 지나갔다.)

The car raised a cloud of dust when it passed by.

(차가 지나가면서 먼지를 자욱하게 일으켰다.)

When she passed by, a delicate fragrance wafted through the air.

(그녀가 지나가자 은은한 향수 냄새가 코끝을 스쳤다.)

2)의 예문들은 다음과 같다.

She feels that life is **passing** her **by**.

(그녀는 삶이 자신을 그냥 스쳐 지나가는 듯한 기분을 느낀다.)

Let's hope the rain storms will just pass by without creating much trouble.

(폭풍우가 큰 문젯거리를 만들지 않고 지나가기를 바랍시다.)

Fall passed by in the blink of an eye and we're already on the threshold of winter.

(가을은 순식간에 지나갔고 벌써 겨울의 문턱에 와 있다.)

A heavy spell of rain is expected to hit the nation as early as mid June, it will pass by the end of July.

(장마는 이르면 6월 중순에 찾아 올 것으로 보이지만 7월 말까지는 지나갈 것으로 보인다.)

3)의 예문들은 다음과 같다.

The bill was **passed by** 360 votes to 280.

(그 법안은 삼백육십 표 대 이백팔십 표로 통과되었다.)

The president vetoed the economic package passed by Congress.

(대통령이 하원에서 통과된 경제 종합 정책을 거부했다.)

The bill was adopted recently after being passed by the French Parliament.

(그 법안은 프랑스 의회에 의해 통과된 후에 최근에 채택되었다.)

기억할 만한 영어 문장

1. Love doesn't ask why.
   (사랑은 이유를 묻지 않아요.)
2. Love can come all at once.
   (사랑은 갑자기 다가 올 수 있어요.)
3. Now I can feel what you're afraid to say.
   (이제 나는 당신이 말하길 두려워한다는 걸 느낄 수 있어요.)

* 팝송 에세이

사람들은 불꽃놀이의 화려한 불꽃쇼처럼 사랑을 기대하는 것일까? 사랑하게 되면 새로운 세상이 눈앞에 펼쳐질까? 사랑은 무지개 색깔처럼 화려하면서 다채로운 것일까? 사랑은 색깔이 없을지 모른다. 사랑의 바탕은 하얀 백지일지 모른다. 사랑하는 사람들은 이젤을 세우고 화판(畫板)에 구도를 잡고 팔레트와 붓으로 칠을 하여 사랑의 그림을 그려나가는 것이다. 어떻게 구도를 잡고 어떤 색깔로 칠을 해 나가는 지는 함께 그림을 그려나가는 사랑하는 사람들의 몫이다. 그저 자신들이 생각하는 대로 조용히 그려나가면 되는 것이다.

그림을 그려나가면서 서로 따지고 주장하게 되면 그림은 제대로 완성되기 힘들 것이다. 둘이 그림을 그려가듯이 사랑은 구차하고 장황하게 설명하거나 이유를 꼬치꼬치 묻지 않아도 될 것이다. 그저 함께 있으면서 가까이 있으면서 서로를 위하는 마음으로 시간을 보내면 되는 것이다. 이 노래의 가사 '사랑은 이유를 묻지 않고 / 그것은 마음으로부터 말하며' 그리고 '사랑은 결코 설명하지 않아요'처럼 이루어지면서 알게 모르게 서로 서로 진실된 마음의 층이 한 겹 한 겹 싸여가는 것이다. 그저 함께 믿으면서 둘만의 시간을 알뜰하게 보내면 되는 것이다. '사랑은 갑자기 다가올 수 있고 / 또는 멀리서부터 속삭일 수 있지요'와 같이 사랑의 꽃은 언제부터 움이 터서 피게 되는지 안다는 것이 사실상 쉽지 않기 때문에 소박하게 그리고 겸손하게 기다려보는 것이 사랑을 붙들 수 있는 방법이 될 수도 있을 것이다.

★ 덧붙이는 글 ★

이 노래는 뮤지컬 『레미제라블』(*Les Misérables*)에서 불리어진 노래이기도 하다.

From This Moment On

Sung by Shania Twain

From this moment life has begun
From this moment you are the one
Right beside you is where I belong
From this moment on

From this moment I have been blessed
I live only for your happiness
And for your love I'd give my last breath
From this moment on

I give my hand to you with all my heart
Can't wait to live my life with you, can't wait to start
You and I will never be apart
My dreams came true because of you

From this moment as long as I live
I will love you, I promise you this
There is nothing I wouldn't give
From this moment on

You're the reason I believe in love
And you're the answer to my prayers from up above
All we need is just the two of us
My dreams came true because of you

From this moment as long as I live
I will love you, I promise you this
There is nothing I wouldn't give
From this moment on
I will love you as long as I live
From this moment on

지금 이 순간부터

샤니어 트웨인의 노래

지금 이 순간부터 삶은 시작되었습니다
이 순간부터 당신은 유일한 사람입니다
당신 바로 옆이 제가 있어야 할 곳입니다
지금 이 순간부터 계속해서

지금 이 순간부터 나는 축복받은 겁니다
당신의 행복을 위해서만 삽니다
그리고 당신의 사랑을 위해 내 마지막 숨을 드릴 겁니다
지금 이 순간부터 계속해서

나는 진심을 담아 당신 손을 잡습니다
나는 당신과 함께 몹시 내 삶을 꾸려가고 싶습니다. 나는 몹시 시작하고 싶습니다
당신과 나는 결코 떨어지지 않을 겁니다
내 꿈은 당신 때문에 이루어진 겁니다

내가 살아있는 한 지금 이 순간부터
나는 당신을 사랑할 겁니다. 나는 당신에게 이것을 약속합니다
내가 당신에게 주지 못할 것이 없습니다
지금 이 순간부터 계속해서

당신은 내가 사랑을 믿는 이유입니다
그리고 당신은 내 기도에 대한 하늘에서 내려온 답입니다
우리에게 필요한 모든 것은 그저 우리 둘뿐입니다
내 꿈은 당신 때문에 이루어진 겁니다

내가 살아있는 한 지금 이 순간부터
나는 당신을 사랑할 겁니다. 나는 당신에게 이것을 약속합니다
내가 당신에게 주지 못할 것이 없습니다
지금 이 순간부터
내가 살아 있는 한 당신을 사랑할 겁니다
지금 이 순간부터 계속해서

* 영어 발음 제대로 듣거나 말하기

1) 이어지는 소리(연음)의 경우

(1) 약모음 이동

be apart, up above

be apart에서 apart의 a는 약모음 [ə]가 되어 앞 낱말 끝부분에 가서 붙어 '비어파트'로 발음된다. up above에서 above의 a는 약모음 [ə]가 되어 앞 낱말 끝부분에 가서 붙어 '어퍼 바브'로 발음된다.

(2) 자음 이동

love you, beat of, moment on, believe in

love you에서 love의 e는 낱말 끝에 있기 때문에 약화되고 그 앞에 있는 v가 자음 s가 뒤에 있는 낱말 앞부분에 가서 붙어 '러뷰'로 발음된다. beat of에서 beat의 자음 t가 뒤에 있는 낱말 앞부분에 가서 붙어 '비터브'로 발음된다. 이 경우 of는 기능어이기 때문에 [əv]나 [ə]로 발음된다. moment on에서 moment의 t가 뒤에 있는 낱말 앞부분에 가서 붙어 '모우먼턴'으로 발음된다. believe in에서 believe의 e는 낱말 끝에 있기 때문에 약화되고 그 앞에 있는 v가 뒤에 있는 낱말 앞부분에 가서 붙어 '빌리빈'으로 발음된다.

2) 없어지는 소리(탈락)의 경우

weakness, happiness, sorrow, better, moment life, moment you, Right beside, hand to, last breath, all, Can't wait, just the, wouldn't give, And you're

moment life에서 moment의 t는 자음 n과 life의 자음 l 사이에 놓이기 때문에 탈락되어 '모우먼 라이휘'에 가깝게 발음된다. 이와 같이 자음과 자음 사이에 놓이는 여섯 개의 파열음인 철자—k/g, p/b, t/d—가 탈락되는 예로 moment you, Right beside, hand to, last breath, Can't wait, wouldn't give와 And you're가 해당된다.

weakne**ss**에서 ss의 s는 같은 철자이기 때문에 앞의 s가 탈락되어 '위크니스'로 발음된다. happine**ss**, so**r**row, be**t**ter와 a**l**l도 마찬가지 경우이다.

jus**t** the에서 just의 t가 the의 th[ð]와 비슷한 발음이기 때문에 앞에 있는 t가 탈락되어 '저스더'에 가깝게 발음된다.

3) 닮는 소리(동화)의 경우

(1) 단타음화

be**tt**er

be**tt**er에서 t(t)가 강모음과 약모음 사이에 놓이면 단타음(單打音)으로 되어 t도, d도, r도 아닌 발음이 된다. better는 '베러'에 가깝게 발음된다. 이 소리는 한글로 표기할 수 없으며 오직 소리로만 익힐 수밖에 없다. 특히 미국영어(American English)에서 두드러진 현상이다.

(2) 구개음화

momen**t y**ou, besi**de y**ou

momen**t y**ou에서 what의 t[t]와 you've의 y[j]가 합쳐지면 서로 닮아서 [tʃ]로 바뀌어 '와츄브'에 가깝게 발음된다. 따라서 이런 현상은 영국영어(British English) 보다 미국영어(American English)에서 자주 나타나는 현상이다.

besi**de y**ou에서 beside의 끝에 있는 e는 약화되어 그 앞에 있는 d[d]와 y[j]가 합쳐지면 서로 닮아서 [ʤ]로 바뀌어 '비사이쥬'에 가깝게 발음된다. 발음된다. 이런 현상은 영국영어(British English) 보다 미국영어(American English)에서 자주 나타나는 현상이다.

4) 줄어진 소리(축약)의 경우

I'**ll**, I'**d**, Ca**n't**, would**n't**, you'**re**

도우미동사(조동사)의 경우인 I'**ll**, have 동사의 경우인 I'**d**, 부정형인 Ca**n't**와

wouldn't, be 동사의 경우인 you're가 있다. 이 가운데 I'll에서 'll이 한국인이 발음하기에 가장 힘든 예이다. 그 이유는 'll은 will의 줄인 형태인데 'll'이 한국어에 없는 발음으로, 'l'은 혀를 입천장에 붙여서 소리를 내야 하는데, 한국어에는 이렇게 소리를 내는 것이 없기 때문이다.

5) 주의해야 할 발음

where, start, dreams, true, as long as

where에서 wh~로 시작되는 낱말은 'w' 뒤에 있는 'h'의 소리가 보통 들리지 않는다. 그러니까 where는 '훼어'라기 보다 '웨어'에 가깝게 발음된다. 그러나 사람과 관련된 who, whose와 whom은 예외로 'h' 소리가 그대로 난다.

start에서 s+k/p/t가 되면 된소리에 가깝게 소리가 난다. 대부분 k/p/t가 들어간 낱말은 h가 들어가는 소리를 내게 되는데, s+k/p/t의 경우는 h 소리가 들어가지 않고 된소리에 가깝게 발음된다. 그러니까 start는 '스땃'에 가깝게 발음된다.

dreams에서 'dr~'의 발음은 '드'와 '주'의 중간쯤 되는 소리로 '쥬'에 가깝게 발음된다. 따라서 dreams는 '드림즈'라기 보다 '쥬림즈'에 가깝게 발음된다.

true에서 'tr~'의 발음은 '츠'와 '추'의 중간쯤 되는 소리로 '츄'에 가깝게 발음된다. true는 '트루'라기 보다 '츄루'에 가깝게 발음된다.

as long as에서 as ~ as의 경우 앞의 as는 [əz]로 뒤의 as는 [æz]로 발음되는 것이 일반적이다.

* 팝송에 들어 있는 쓸모 있는 영어 표현들

1. **From this moment on:** 전치사 on은 '…(위)에[로], …으로[…을[를] 타고, (요일 · 날짜 · 때를 나타내어) …에, …하자마자[…한 즉시] 등' 여러 가지 뜻으로 쓰인다. 부사 on은 1] '(쉬지 않고) 계속하여'와 2) '(계속 · 끊이지 않고) 죽, 다시 (계속)'을 비롯한 여러 가지 뜻으로 쓰인다. 이 노래에서는 부사 on이 2)의 뜻으로

쓰이고 있다. on이 부사로 쓰이는 1)과 2)의 예문들은 다음과 같다.

1)의 예문들은 다음과 같다.

We worked **on** into the night.

(우리는 밤이 되어도 계속 일했다.)

He worked on without a break.

(그는 쉬지 않고 계속 일을 했다.)

If you like a good story, read on.

(잘 쓰인 이야기를 좋아하시면 계속 읽어 보세요.)

2)의 예문들은 다음과 같다.

Keep straight **on** for the beach.

(해변에 가시려면 곧장 죽 가세요.)

From then on he never trusted her again.

(그때 이후로 다시는 그가 그녀를 믿지 않았다.)

She stopped for a moment, then walked on.

(그녀는 잠시 멈추었다가 다시 계속 걸어갔다.)

2. And for your love I'd give my last breath: **I'd**는 **I would**를 줄인 형태이다. **would**는 여러 가지 뜻이 있지만 여기서는 '(가정 조건을 함축한 귀결) (완곡하고 공손한 표현) …일[할] 것이다'라는 뜻이다. 예문들은 다음과 같다.

I'**d** say it's too late.

(때늦은 감이 있다고 하겠지요.)

I'd say he was about fifty.

(그는 오십 세 정도 되었을 것이다.)

I would imagine the job will take about two days.

(그 일을 하는데 이틀 정도가 걸릴 것 같다.)

give my last breath는 글자 그대로 '나의 마지막 숨을 주다'라는 것은 과장된 표현이긴 하지만 '나의 목숨마저 바치겠다'라고 할 수 있다.

3. Can't wait to live my life with you, can't wait to start: **can't wait**는 '기다릴 수 없다, 너무 하고 싶다, 빨리 끝나면 좋겠다'라는 뜻으로 쓰인다. 그런데 이 가운데 '너무 ~하 고 싶다'는 뜻으로 입말체 에서 자주 쓰인다. 글자 그대로의 뜻은 '기다릴 수 없다'이지만 한 걸음 더 들어가 생각해 보면 '너무 ~하고 싶다'는 뜻을 이해하게 될 것이다. 예문들은 다음과 같다.

I **can't wait** to get back home.
(난 빨리 집에 돌아가고 싶어.)

I can't wait to see the beautiful scenery!
(나는 어서 그 아름다운 광경을 보고 싶어!)

We can't wait to hear the patter of tiny feet.
(우리는 아기가 아장아장 걷는 소리를 어서 듣고 싶다.)

4. You and I will never be apart: apart는 '(거리 · 공간 · 시간상으로) 떨어져, 따로, 헤어져, 조각조각, 산산이'라는 뜻이다. 따라서 **be apart**는 '떨어지다. 헤어지다'라는 뜻이다. 예문들은 다음과 같다.

I just really don't want us to **be apart**.
(난 단지 우리가 떨어져 있지 않으면 정말 좋겠어.)

Friends are never apart in good or bad times.
(친구는 좋을 때나 슬플 때나 함께한다.)

Although they are apart their lives are forever connected.
(그들이 떨어져 있다 할지라도 그들은 삶은 영원히 연결되어 있을 것이다.)

5. And you're the answer to my prayers from up above: **up above**는 글자 그대로 '많이 위에'라는 뜻이다. 문맥상 비유적으로 쓰여 '하늘에서 보낸 천사' 정도로 이해하면 될 것이다. 예문들은 다음과 같다.

It's a sign from **up above**.
(이건 위로부터의 계시입니다.)

You must be sent from up above.
(당신은 하늘에서 보낸 천사임에 틀림없어요.)

The moon came up above the horizon.

(달이 지평선[수평선] 위에 떠올랐다.)

기억할 만한 영어 문장

1. You and I will never be apart.

   (당신과 나는 결코 떨어지지 않을 겁니다.)

2. I will love you as long as I live.

   (내가 살아 있는 한 당신을 사랑할 겁니다.)

3. There is nothing I wouldn't give.

   (내가 당신에게 주지 못할 것이 없습니다.)

* 팝송 에세이

사랑을 확인하는 순간 세상은 달라 보일 것이다. 예전의 세계에 몽롱한 빛이 비쳐왔다면 사랑을 확인한 순간부터 새로운 세계가 펼쳐지게 될 것이다. 사랑을 확인하는 '이 순간'은 완전히 다른 세계로 나아가는 중요한 시점이 될 것이다. 이 순간부터 그 이후로 계속해서 펼쳐질 마음가짐은 예전의 자신의 마음가짐과는 비교될 수 없는 경이로운 세계를 갖게 될 것이다. 이 새로운 세계는 사랑을 확인한 사람만이 독점해서 생각할 수밖에 없는 것이다. 사랑이 확인된 순간은 축복받은 시간이고, 자기 자신을 버리고 더 넓은 다른 세계에 진입하게 되는 기분이 들 정도로 달라지게 되는 시간의 꼭지점이다.

사랑을 확인하게 된 이 순간부터 계속 사랑하는 사람이 여러 사람 가운데 한 사람이 아닌 유일한 사람으로 자리매김하게 된다. 유일한 사람이란 그 사람밖에 없다는 뜻이기에 그 사람을 위해서 못할 일이 없게 되는 것이다. 기쁘거나 슬프거나 관계가 없이 보살피고 사랑하게 될 것이고, 떨어지고 싶지 않을 것이고, 주지 못할 것이 없게 될 것이다. 좀 과장되긴 하지만 사랑하는 이를 위해서는 자신의 죽음마저 기꺼이 각오하게 되는 것이다. 저 마음속 깊숙한 곳에는 함께 하면서 살아가고 싶은 소박한 바람이 자리를 잡고 있는 것입니다. 여기서 생각해 볼 수 있는 것은 사랑을 위해서라면 기꺼이 자신의 존재를 묻어두고 사랑하는 사람을 위해 모든 것을 해낼 수 있다는 마음과 각오가 되어 있음을 확인할 수 있어서, 사랑해보지 않은 사람들에게는 남의 나라 이야기처럼 들릴지도 모릅니다. 그러나 사랑은 위대한 힘을 발휘하기 때문에 그 힘은 어떻게 영향력을 행사할지는 아무도 모르고 오직 사랑하는 사람들만이 알 수 있는 세계에서만 나타나는 형상입니다.

★ 덧붙이는 글 ★

시작부분에 있는 다음 가사는 없는 경우가 대부분 이지만 어떤 경우에는 본격적인 노래가 시작되기 전에 나오기도 한다. 참고로 제시하고자 한다.

I do swear that I'll always be there.
I'd given anything and everything and I will always care.
Through weakness and strength, happiness and sorrow, for better, for worse,
I will love you with every beat of my heart.

(난 항상 곁에 있을 거라고 맹세합니다
나는 모든 것을 드릴 겁니다. 그리고 나는 항상 보살필 겁니다
아플 때나 건강할 때나, 행복할 때나 슬플 때나, 더 좋거나 더 나쁠 때도
내 심장이 뛰는 매 순간마다 당신을 사랑할 겁니다

다음 가사에서 괄호 (I)가 들어가 있는 가사도 있고, 들어 있지 않은 가사들도 있는데, 있던 없든 의미상으로 이해하는데 어려움은 없을 것이다.
(I) Can't wait to live my life with you, (I) can't wait to start

Baby One More Time

Sung by Britney Spears

Baby One More Time
Sung by Britney Spears

Oh baby baby
How was I supposed to know
That something wasn't right here
Oh baby baby
I shouldn't have let you go
And now you're out of sight, yeah

Show me how you want it to be
Tell me baby cuz I need to know now
Oh because

My loneliness is killing me
(And I)
I must confess I still believe
(Still believe)
When I'm not with you I lose my mind
Give me a sign
Hit me baby one more time

Oh baby baby
The reason I breathe is you
Boy you've got me blinded
Oh pretty baby
There's nothing that I wouldn't do
That's not the way I planned it

Show me how you want it to be
Tell me baby cuz I need to know now
Oh because

My loneliness is killing me
(And I)
I must confess I still believe
(Still believe)
When I'm not with you I lose my mind
Give me a sign
Hit me baby one more time

Oh baby baby
How was I supposed to know
Oh pretty baby
I shouldn't have let you go

I must confess
That my loneliness is killing me now
Don't you know I still believe
That you will be here
And give me a sign
Hit me baby one more time

My loneliness is killing me
(And I)
I must confess I still believe
(Still believe)
When I'm not with you I lose my mind
Give me a sign
Hit me baby one more time

I must confess
That my loneliness is killing me now
Don't you know I still believe
That you will be here
And give me a sign
Hit me baby one more time

사랑하는 이여 한 번 더

브리트니 스피어스의 노래

오 그대여 그대여
내가 어떻게 알았겠어요
바로 여기에 뭔가 잘못된 게 있었다는 걸
오 그대여 그대여
내가 당신을 보내지 말았어야 했는데
그리고 지금 당신은 보이지 않는군요, 그래요

당신이 어떻게 되기를 원하는지 나에게 보여 주세요
그대여 내게 말해 줘요 난 지금 알아야 할 필요가 있기 때문이에요
오 왜냐하면

난 외로움을 견딜 수가 없기 때문이죠
(그리고 난)
내가 여전히 믿는 걸 고백해야만 해요
(여전히 믿어요)
당신과 함께 있지 않으면 난 미칠 것 같아요
내게 신호를 보내주세요
그대여 나를 한 번 더 만나 주세요

오 그대여 그대여
내가 사는 이유는 당신 때문이에요
이런, 당신은 날 눈 멀게 했어요
오 사랑스런 그대여
내가 못할 일이 하나도 없어요
그건 내가 계획했던 게 아니에요

당신이 어떻게 되기를 원하는지 나에게 보여 주세요
그대여 내게 말해 줘요 난 지금 알아야 할 필요가 있어요
오 왜냐하면

난 외로움을 견딜 수가 없기 때문이죠
(그리고 난)
내가 여전히 믿고 있는 걸 고백해야만 해요
(여전히 믿어요)
당신과 함께 있지 않으면 난 미칠 것 같아요
내게 신호를 보내주세요
그대여 나를 한 번 더 만나 주세요

오 그대여 그대여
제가 어떻게 알았겠어요
오 사랑스런 그대
당신을 보내지 말았어야 했는데

난 고백해야겠어요
난 외로움을 견딜 수가 없다는 것을
내가 여전히 믿고 있다는 걸 모르시나요
당신이 여기 올 거란 걸
그리고 내게 신호를 보내주세요
그대여 나를 다시 한 번 더 만나 주세요

난 외로움을 견딜 수가 없어요
(그리고 난)
내가 여전히 믿고 있는 걸 고백해야만 해요
(여전히 믿어요)
당신이 없으면 난 미칠 것 같다고
생각한다는 걸 고백해야겠어요
당신과 함께 있지 않으면 난 미칠 것 같아요
내게 신호를 보내주세요
그대여 나를 한 번 더 만나 주세요

난 고백해야겠어요
난 외로움을 견딜 수가 없다는 것을
내가 여전히 믿고 있다는 걸 모르시나요
당신이 여기 올 거란 걸
그리고 내게 신호를 보내주세요
그대여 나를 다시 한 번 더 만나 주세요

* 영어 발음 제대로 듣거나 말하기

1) 이어지는 소리(연음)의 경우

(1) 자음 이동

wa**nt i**t

wa**nt i**t에서 want의 t는 앞의 콧소리 n을 닮아 n으로 변한 후 같은 철자 nn이 겹쳐서 앞에 있는 n이 탈락된다. 따라서 wan에서 자음 n이 뒤에 있는 낱말 앞부분에 가서 붙어 '와닛'로 발음된다.

2) 없어지는 소리(탈락)의 경우

suppos**ed** to, righ**t** here, shouldn'**t** have, An**d** now, i**t** to

suppos**ed** to에서 supposed의 ed 발음 [d]가 앞의 자음 s와 to의 t 사이에 놓이기 때문에 탈락되어 '서포즈터'로 발음된다. 이런 현상은 자음과 자음 사이에 놓이는 여섯 개의 파열음인 철자—k/g, p/b, t/d—또는 이와 같은 발음으로 탈락되는 경우이다.

righ**t** here에서 right의 t는 자음 h와 here의 자음 h 사이에 놓이기 때문에 탈락되어 '라잇 히어'로 발음된다. 이와 같이 자음과 자음 사이에 놓이는 여섯 개의 파열음인 철자—k/g, p/b, t/d—가 탈락되는 예로 shouldn'**t** have와 An**d** now가 해당된다.

i**t** to에서 it의 t는 잇달아 나오는 to의 t와 철자가 같기 때문에 앞의 t가 탈락되어 '이터'로 발음된다.

3) 닮는 소리(동화)의 경우

(1) 단타음화

ou**t** of

ou**t** of에서 t가 강모음과 약모음 사이에 놓이면 단타음(單打音)으로 되어

t도, d도, r도 아닌 발음이 된다. out of는 '아우러브'에 가깝게 발음된다. 이 소리는 한글로 표기할 수 없으며 오직 소리로만 익힐 수밖에 없다. 특히 미국영어(American English)에서 두드러진 현상이다. of는 약음화되어 [əv]나 [ə]로 발음이 된다.

(2) 구개음화

let you

let you에서 let의 t[t]와 you've의 y[j]가 합쳐지면 서로 닮아서 [tʃ]로 바뀌어 '레츄'에 가깝게 발음된다. 따라서 이런 현상은 영국영어(British English) 보다 미국영어(American English)에서 자주 나타나는 현상이다.

* 그런데 스피어즈는 띄어서 소리를 내고 있다.

(3) 비음화

want

미국영어(American English)의 경우 want에서 t가 바로 앞에 있는 콧소리[비음] n을 닮아서 n으로 되었다가, n이 겹치기 때문에 앞의 n이 탈락되어 '완'으로 발음된다. 그런데 영국영어(British English)에서는 t를 그대로 발음하는 경우가 대부분이다.

4) 줄어진 소리(축약)의 경우

wasn't, shouldn't, you're, I'm, wouldn't, That's

부정형인 wasn't, shouldn't, wouldn't, be 동사의 경우인 you're, I'm과 That's가 있다.

* 팝송에 들어 있는 쓸모 있는 영어 표현들

1. How was I supposed to know: **be supposed to**는 1) '~하기로 되어 있다'와 2) '~할 예정이다'라는 두 가지 뜻으로 쓰인다. 이 노래에서는 1)의 뜻으로 쓰이고 있다. 1)의 예문들은 다음과 같다.

   You'**re** not **supposed to** walk on the grass.
   (잔디밭 위로 걸어 다니면 안 된다.)

   Journalists are supposed to be politically neutral.
   (언론인은 정치적으로 중립적이어야 한다.)

   How was I supposed to know you were waiting for me?
   (당신이 날 기다리고 있을 거라는 걸 내가 어떻게 알 수 있었겠어요?)

   2)의 예문들은 다음과 같다.

   What time **are** we **supposed to** leave?
   (언제 우리 떠날 예정이에요?)

   It was supposed to be turned in last Monday.
   (그것은 지난 월요일에 제출될 예정이었습니다.)

   The test was supposed to be given on March 10.
   (그 시험은 삼 월 십 일에 치러질 것으로 예정되어 있었다.)

2. I shouldn't have let you go: **let you go**에서 let 다음에 목적어(you)가 나오고 그 뒤에 to 부정사가 나와야 하는데 let가 허용이나 허락을 하는 경우 알몸동사(원형동사; bare infinitive)가 쓰여 to go가 아니라 go로 된다.

3. And now you're out of sight: **out of sight**는 1) '보이지 않는 곳에; 먼 곳에',와 '훨씬'이란 뜻으로 쓰인다. 이 노래에서는 1)의 뜻으로 쓰이는데, 대부분 이와 같은 뜻으로 쓰인다.

   1)의 예문들은 다음과 같다.

He was careful to keep **out of sight**.

(그는 눈에 띄지 않도록 조심했다.)

I watched the car until it was out of sight.

(나는 그 차가 더 이상 안 보일 때까지 지켜보았다.)

Leave any valuables in your car out of sight.

(차 안의 귀중품은 모두 눈에 보이지 않는 곳에 두어라.)

2)의 예문들은 다음과 같다.

This novel is **out of sight** better than that.

(이 소설은 저것보다 훨씬 좋다.)

The view of the sunset from here is out of sight.

(여기서 보이는 일몰 광경은 정말 일품이다.)

4. My loneliness is killing me: 이 글은 글자그대로는 '나의 외로움이 나를 죽이고 있다'인데, '내가 외로워서 힘들다' 또는 '내가 외로워서 죽겠네'라고 이해하면 될 것이다. 이런 표현이 들어간 예문들은 다음과 같다.

My feet **are killing me**.

(난 다리가 아파 죽겠다.)

This boiling hot weather is killing me.

(이런 찌는 날씨는 견디기 힘들어요.)

The boredom of doing the same thing every day is killing me.

(매일 똑같은 일을 반복하자니 지겨워 죽겠다.)

5. When I'm not with you I lose my mind: **lose one's mind**는 '미치다, 실성하다, 이성을 잃다'라는 뜻이다. 예문들은 다음과 같다.

His mean words make me **lose my mind**.

(그의 비열한 말들이 나를 미치게 했다.)

Sometimes I feel like I'm losing my mind.

(때때로 난 내가 제정신을 잃어 간다고 느낀다.)

She looked as if she had lost her mind completely.

(그녀는 완전히 이성을 잃은 것처럼 보였다.)

6. Hit me baby one more time: hit는 '때리다'라는 뜻이지만, 여러 가지로 생각해 볼 수 있다. 이 곡에 참여한 스웨덴 작곡가들은 **hit**는 연락하라는 의미의 call을 뜻하는 새로운 미국 십대들의 속어라고 생각했다. 그러니까 어떤 사람은 hit를 '생각하다'나 '전화하라'라는 뜻으로 해석하기도 한다.

7. Boy you've got me blinded: **get**은 여러 가지 뜻이 있지만, 여기서는 연결동사로 '(어떤 상태가) 되다[되게 하다]'라는 뜻이다. 예문들은 다음과 같다.

Don't **get** your dress dirty!

(너 옷 더럽히지 마!)

He got his fingers caught in the door.

(그가 문에 손가락이 끼였다.)

She soon got the children ready for school.

(그녀는 곧 아이들을 학교에 보낼 채비를 했다.)

8. Tell me baby cuz I need to know now: **cuz**는 because('… 때문에, -해서')에서 be를 줄여 소리가 나는대로 표기한 것이다. cuz는 because의 소리가 나는대로 표기인 'cause, cos로 표기하기도 한다.

기억할 만한 영어 문장

1. My loneliness is killing me.

   (나는 외로움을 견딜 수가 없어요.)

2. I shouldn't have let you go.

   (내가 당신을 보내지 말았어야 했어요.)

3. There's nothing that I wouldn't do.

   (내가 못할 일이 하나도 없어요.)

* 팝송 에세이

만남과 사귐 그리고 이별은 삼박자 노래와 같이 조화로운 또 다른 연결 고리를 만든다. 이 세 가지 요소들이 둥근 고리처럼 서로 걸려 있어서 인간관계의 또 다른 특징이라고 할 수 있다. 만남의 설렘과 기쁨, 사귐의 온기와 기쁨이 있기에 이별의 슬픔과 안타까움은 더할 수밖에 없다. 역사가 하루 아침에 이루어지지 않듯이 사랑의 역사 역시 금방 만들어지는 것은 아니기 때문이다. 사랑의 역사는 또 다른 사가가 쓰는 것이 아니라 서로 사랑하는 당사자들이 직접 그 역사를 써나가는 것이기 때문에 동시대적인 의미가 담기게 마련이다. 역사가 사료를 갖고 일정한 거리를 두고 써나는 것과 달리 사랑의 역사는 일정한 거리를 둘 수 없는 것이다. 따라서 역사 해석에 대한 판단이 사랑해나가는 과정에서 동시에 일어나는 것이다. 그 동시성의 의미는 기본적으로 만남과 사귐의 특징을 이룬다. 그런데 이별은 역사의 한 장면이긴 하지만 동시성 면에서 보면 시간상으로나 공간상으로 약간의 거리감이 있다.

이별한 후에야 비로소 이별에 대한 감정을 끌어낼 수 있기 때문이다. 이런 경우 만남과 사귐의 과정에서 일어난 모든 행위에서 후회할 일들을 회상하게 되고, 자신의 앞으로의 바람을 내비치게 된다. 자신에게 찾아 온 가장 큰 감정은 외로움일 것이다. 둘이 하나가 되어버리면 또 다른 세상에 내던져진 존재라는 생각을 감각적으로 느낄 수 있기 때문이다. 함께 있던 사람의 부재는 자신의 존재 가치를 인정받지 못할 뿐만 아니라 삶의 의미에 대한 회의감마저 들기 때문이다. 이제 신호를 보내 달라는 마음의 간절한 요청도, 떠나 가버린 사람을 위해서 못할 일이 없다고 생각하고 있는 것도 전달이 되지 않을 것이다. 가버린 상대방의 의사를 확인할 수 없는 상황에서의 안타까움과 외로움은 심한 경우 한탄과 탄식과 더불어 당분간 자신이 안고 가야할 몫이자 멍에인 것이다. 손끝으로 빠져 나가는 한줄기 희미한 빛이 사라지는 아쉬움은 시간이 지나면서 그리움으로 차츰 바뀌겠지만...

Oops!... I Did It Again

Sung by Britney Spears

Yeah yeah yeah yeah yeah yeah
Yeah yeah yeah yeah yeah yeah

I think I did it again
I made you believe we're more than just friends

Oh baby
It might seem like a crush
But it doesn't mean that I'm serious
'Cause to lose all my senses
That is just so typically me
Oh baby baby

Oops!... I did it again
I played with your heart, got lost in this game
Oh baby, oh baby

Oops!... You think I'm in love
That I'm sent from above
I'm not that innocent

You see my problem is this
I'm dreaming away
Wishing that heroes, they truly exist

I cry, watching the days
Can't you see I'm a fool in so many ways
But to lose all my senses
That is just so typically me
Baby, oh

Oops!... I did it again
I played with your heart, got lost in this game
Oh baby, oh baby

Oops!... You think I'm in love
That I'm sent from above
I'm not that innocent

Yeah yeah yeah yeah yeah yeah
Yeah yeah yeah yeah yeah yeah

<Narration>
"All aboard"
M : "Britney, before you go, there's something I want you to have."
W: "Oh, it's beautiful, but wait a minute, isn't this...?"
M : "Yeah, yes it is"
W : "But I thought the old lady dropped it into the ocean in the end"
M : "Well baby, I went down and got it for you"
W : "Oh, you shouldn't have"

Oops!... I did it again to your heart
Got lost in this game
Oh baby

Oops!... You think that I'm sent from above
I'm not that innocent

Oops!... I did it again
I played with your heart, got lost in this game
Oh baby, oh baby

Oops!... You think I'm in love
That I'm sent from above
I'm not that innocent

Oops!... I did it again
I played with your heart, got lost in this game
Oh baby, oh baby

Oops!... You think I'm in love
That I'm sent from above
I'm not that innocent

아이쿠... 내가 그걸 다시 해버렸어

브리트니 스피어즈의 노래

그래 그래 그래 그래 그래 그래
그래 그래 그래 그래 그래 그래

내가 또 실수 한 것 같아
내가 우리 사이를 단지 친구 이상이라고 널 믿게 만들어 버렸어

오 내 사랑
내가 너에게 반해 버린 것처럼 보였을지도 몰라
하지만 내가 널 진지하게 생각하고 있는 건 아니야
왜냐하면, 이성을 잃고 정신없이 빠져 버리는 건
내겐 의례히 있는 일이거든
오, 내 사랑, 내 사랑

아이쿠!... 내가 또 사고를 쳐버렸구나.
내가 네 마음을 가지고 놀았는데, 이 게임에 완전히 빠져버렸네
오 내 사랑, 오 내 사랑

아이쿠!... 넌 내가 사랑에 빠져 있다고 넌 생각하고 있지
내가 하늘에서 내려준 사람이라고 .
난 그렇게 순진하지 않은데 말이야

너도 알잖아 내 문제점은 이거라고
난 꿈꾸고 있고
영웅들이 정말로 존재한다고 바라면서

난 그런 날들을 빤히 바라보면서 울고 있어
여러 가지 면에서 내가 바보라는 걸 모를 수 있니
하지만 이성을 잃고 정신없이 빠져 버리는 건
내겐 의례히 있는 일이거든
내 사랑 오

아이쿠!... 내가 또 실수 한 것 같아
내가 네 마음을 가지고 놀았는데, 이 게임에 완전히 빠져버렸네
오 내 사랑, 오 내 사랑

아이쿠!... 넌 내가 사랑에 빠져 있다고 넌 생각하고 있지
내가 하늘에서 내려준 사람이라고 .

난 그렇게 순진하지 않은데 말이야

그래 그래 그래 그래 그래 그래
그래 그래 그래 그래 그래 그래

〈나레이션〉

"모두 승선하세요"
M : "브리트니, 당신이 가기 전에, 내가 당신에게 주고 싶은 게 있어"
W : "어머, 그게 아름다워, 잠깐만, 이건...?"
M : "맞아, 그래, 그거야"
W : "하지만, 이건 그 할머니가 마지막에 그것을 바다에 빠뜨린 걸로 알고 있었는데..."
M : "그대여, 내가 바닷속으로 내려가서 너에게 주려고 가져 왔어"
W : "오, 그렇게까지 하지 않았어도 되는데"

아이쿠!... 내가 네 마음에 또 실수 한 것 같아
이 게임에 완전히 빠져버렸네
오 내 사랑

아이쿠!... 넌 내가 하늘에서 내려준 사람이라고 생각하고 있지
난 그렇게 순진하지 않은데 말이야

아이쿠!... 내가 또 실수 한 것 같아
내가 네 마음을 가지고 놀았는데, 이 게임에 완전히 빠져버렸네
오 내 사랑, 오 내 사랑

아이쿠!... 넌 내가 사랑에 빠져 있다고 넌 생각하고 있지
내가 하늘에서 내려준 사람이라고 .
난 그렇게 순진하지 않은데 말이야

아이쿠!... 내가 또 실수 한 것 같아
내가 네 마음을 가지고 놀았는데, 이 게임에 완전히 빠져버렸네
오 내 사랑, 오 내 사랑

아이쿠!... 넌 내가 사랑에 빠져 있다고 넌 생각하고 있지
내가 하늘에서 내려준 사람이라고 .
난 그렇게 순진하지 않은데 말이야

* 영어 발음 제대로 듣거나 말하기

1) 이어지는 소리(연음)의 경우

(1) 약모음 이동

it again, like a, from above, dreaming away, I'm a, wait a

it again에서 again의 a는 약모음 [ə]가 되어 앞 낱말 끝부분에 가서 붙어 '이러겐'으로 발음된다. again의 발음은 미국영어와 영국영어에서 다르게 발음된다. again의 미국영어 발음은 어겐[əgen]이고, 영국영어 발음은 어게인[əgein]이다. like a에서 a는 약모음 [ə]가 되어 앞 낱말 끝부분에 가서 붙어 '라이커'로 발음된다. I'm a와 wait a도 마찬가지 경우이다. from above에서 above의 a는 약모음 [ə]가 되어 앞낱말 끝부분에 가서 붙어 '훠라머 바브'에 가깝게 발음된다. dreaming away에서 away의 a는 약모음 [ə]가 되어 앞 낱말 끝부분에 가서 붙어 '쥬리밍어 웨이'에 가깝게 발음된다.

(2) 자음 이동

think I, did it, lost in, dropped it

think I에서 think의 자음 k가 뒤에 있는 낱말 앞부분에 가서 붙어 '싱카이'에 가깝게 발음된다. did it에서 did의 자음 d가 뒤에 있는 낱말 앞부분에 가서 붙어 '디딧'으로 발음된다. lost in에서 lost의 자음 t가 뒤에 있는 낱말 앞부분에 가서 붙어 '로 스틴'으로 발음된다. dropped it에서 dropped의 ed는 발음이 [t]가 되어 뒤에 있는 낱말 앞부분에 가서 붙어 '쥬랍팃'에 가깝게 발음된다.

2) 없어지는 소리(탈락)의 경우

just friends, friends, might seem, doesn't mean, just so, typically, played with, sent from, innocent, But to, All, isn't this, thought the, went down, and got, shouldn't have just friends에서 just의 t는 자음 s와 friends의 자음 f 사이에 놓이기 때문에 탈락되어 '저스 휘렌즈'에 가깝게 발음된다. 이와 같이 자음과 자음 사이에 놓이는 여섯 개의 파열음인 철자—k/g, p/b, t/d—가 탈락되는 예로 friends, might seem, doesn't mean, sent from, went down, and got와 shouldn't have가 해당된다.

just so에서 just의 t는 자음 s와 so의 자음 s 사이에 놓이기 때문에 탈락되어 '저스소우'로 됨과 동시에 t가 탈락되고 남은 jus의 s와 so의 s가 똑같은 철자로 겹치기 때문에 앞의 s가 탈락된다. 따라서 최종적으로 '저소우'로 발음된다.

typically에서 ll의 l은 같은 철자이기 때문에 앞의 l이 탈락되어 '티피커리'로 발음된다. innocent, But to와 All도 마찬가지 경우이다.

played with에서 played의 ed 발음 [d]가 자음 y와 with의 w 사이에 놓이기 때문에 탈락되어 '플레이 위드'에 가깝게 발음된다. 이것은 자음과 자음 사이에 놓이는 여섯 개의 파열음인 철자—k/g, p/b, t/d—또는 발음 때문에 탈락되는 경우이다.

isn't this에서 isn't의 t가 this의 th[ð]와 비슷한 발음이기 때문에 앞에 있는 t가 탈락되어 '이즌 디스'에 가깝게 발음된다. thought the도 마찬가지 경우이다.

3) 닮는 소리(동화)의 경우

(1) 단타음화

beautiful, got it

beautiful에서 t가 강모음과 약모음 사이에 놓이면 단타음(單打音)으로 되어 t도, d도, r도 아닌 발음이 된다. beautiful은 '비유리훌'에 가깝게 발음된다. 이 소리는 한글로 표기할 수 없으며 오직 소리로만 익힐 수밖에 없다. 특히 미국영어 (American English)에서 두드러진 현상이다. got it도 마찬가지 경우이다.

(2) 구개음화

made you, Can't you, want you

made you에서 made의 낱말 끝에 있는 e는 약화되고 그 앞에 있는 d[d]와 you의 y[j]가 합쳐지면 서로 닮아서 [ʤ]로 바뀌어 '메이쥬'에 가깝게 발음된다. 이런 현상은 영국영어(British English) 보다 미국영어(American English)에서 자주 나타나는 현상이다.

Can't you에서 Can't의 t[t]와 you의 y[j]가 합쳐지면 서로 닮아서 [tʃ]로 바뀌어 '캔츄'에 가깝게 발음된다. 따라서 이런 현상은 영국영어(British English) 보다 미국영어(American English)에서 자주 나타나는 현상이다. want you도 마찬가지 경우이다.

(3) 비음화

went

미국영어(American English)의 경우 went에서 t가 바로 앞에 있는 콧소리[비음] n을 닮아서 n으로 되었다가, n이 겹치기 때문에 앞의 n이 탈락되어 '웬'으로 발음된다. 그런데 영국영어(British English)에서는 t를 그대로 발음하는 경우가 대부분이다.

4) 줄어진 소리(축약)의 경우

we're, doesn't, I'm, 'Cause, Can't, it's, there's, isn't, shouldn't

be 동사의 경우인 we're, I'm과 it's, there's, 부정형인 doesn't, Can't, isn't와 shouldn't가 있다.

'Cause는 because의 줄어진 형태이다.

5) 주의해야 할 발음

dreaming, truly

dreaming에서 'dr~'의 발음은 '드'와 '주'의 중간쯤 되는 소리로 '쥬'에 가깝게 발음된다. 따라서 dreaming은 '드리밍'이라기 보다 '쥬리밍'에 가깝게 발음된다.

truly에서 'tr~'의 발음은 '츠'와 '추'의 중간쯤 되는 소리로 '츄'에 가깝게 발음된다. truly는 '트루리'라기 보다 '츄루리'에 가깝게 발음된다.

* 팝송에 들어 있는 쓸모 있는 영어 표현들

1. I made you believe we're more than just friends: **make you believe**에서 make 다음에 목적어(you)가 나오고 그 뒤에 to 부정사가 나와야 되는데 make가 강제성을 띄고 있는 경우 알몸동사(원형동사; bare infinitive)가 쓰여 to believe가 아니라 believe로 된다.

2. It might seem like a crush: 여기서 **crush**는 '강렬한 사랑, 홀딱 반함'이란 뜻이다. 예문들은 다음과 같다.

   I had a huge **crush** on her.
   (나는 그녀에게 완전히 홀딱 반해 있었다.)
   I had a crush on her at first sight.
   (나는 첫눈에 그녀에게 반했다.)
   I have a crush on my English teacher.
   (나는 영어 선생님한테 반해 있어.)

3. 'Cause to lose all my senses: **'Cause**는 Because('…때문에, - 해서[여서/니까], 왜냐하면')의 줄인형이다. 대개 노래 가사에서는 because의 이 음절로 되어 있지 않고, 일 음절인 'cause, cause, cos 또는 cuz로 표기된다.
   lose one's senses는 '기절하다, 미치다, 정신이 돌다[나가다], 의식을 잃다'라는 뜻이다. 예문들은 다음과 같다.

   I've **lost my sense** of taste.
   (나는 입맛을 잃어 버렸다.)

Whenever she consumes alcohol, she lose her senses.

(그녀는 술을 마시기만 하면 정신을 잃는다.)

She lost her senses when she heard the shocking news.

(그녀는 충격적인 소식을 듣자 기절했다.)

4. That is just so typically me: **typically**는 1) '보통, 일반적으로', 2) '전형적으로, 특징적으로'와 3) '늘 하는 식으로, 늘 그렇듯이'라는 뜻이다. 이 노래에서는 3)의 뜻으로 쓰이고 있다. 이 문장을 문법적으로 맞지 않지만, 뜻으로만 이해하면 될 것 같다.

5. I'm not that innocent: 여기서 **that**는 한정사, 대명사나 접속사가 아닌 부사로 '그렇게, 그만큼, 그 정도'라는 뜻이다. 예문들은 다음과 같다.

It's about **that** long.

(그것은 길이가 그 정도 돼.)

I can't walk that far.

(난 그렇게 멀리는 걸을 수가 없어.)

There aren't that many people here.

(여기에 사람들이 그렇게 많지는 않다.)

기억할 만한 영어 문장

1. Can't you see I'm a fool in so many ways?

   (여러 가지 면에서 내가 바보라는 걸 모를 수 있어?)

2. I played with your heart, got lost in this game.

   (내가 네 마음을 가지고 놀았는데, 이 게임에 완전히 빠져버렸어.)

3. I made you believe we're more than just friends.

   (내가 우리 사이를 단지 친구 이상이라고 널 믿게 만들어 버렸어.)

* 팝송 에세이

사랑의 게임은 시작됐다. 사랑의 게임은 규칙이 무엇일까? 이 게임의 목적은 무엇인가? 승자는 누구이며 패자는 누구인가? 재경기는 가능할 것인가? 새롭게 생각해 볼 수 있는 질문들이다. 사랑은 게임이 아닌데도 게임으로 생각했을 경우의 후유증은 누구에게 남아 있을 것인가? 사랑의 게임은 결코 재미를 위한 것이 아니기 때문에 엄격한 규칙이 있게 마련이다. 그렇지만 그 규칙을 일방적으로 깨버리면 서로 상처를 입게 된다. 세속적인 말로 사랑은 장난이 아니다. 사랑의 게임 규칙은 어떠한 경우에도 상대방을 존중해야 한다는 것이 기본이다. 상대방을 존중하는 경우에 상대방의 묵인이나 승인이 없으면 장난을 치면 안 된다는 것이다. 게임의 목적은 사랑하는 상대방과 함께 함으로써 각자 자신의 부족하거나 결핍된 부분을 채워나가거나 채워주는 것이고, 힘들고 어려울 때 그 어려움, 고통과 슬픔을 반으로 나누는 기꺼운 마음가짐이다. 사랑의 게임의 최종 승자가 두 사람 모두이거나 아니면 두 사람 모두 패가가 되는 것이다. 사실상 일방적으로 승리를 하는 사람이나 일방적으로 지는 사람이 있는 것은 아니다. 규칙을 지키지 않고 사랑의 게임이 끝났을 때는 재경기가 거의 불가능하다. 헤어지거나 욕하거나 비난하는 후유증만 남게 될 것이다.

미처 알지 못하고 저지른 잘못된 사랑의 게임을 '아이쿠! 내가 또 사고를 쳐 버렸구나'라고 알고 있다. 상대방의 마음을 가지고 장난감이나 놀이개감으로 생각하며 지내다 보니 실수를 하게 된 것이다. 자신이 사랑의 게임 방식을 알고 있으면서 스스로 잘못을 인정하고 있는 점이 이 노래의 특징이라면 특징이다. 자신의 문제점을 빤히 알고 있지만 쉽게 고치지 못하고 있다는 점 또한 곳곳에 나타나고 있다. 자신도 모르게 사랑의 게임에 빠져들어 버리고, 그 게임에서 벗어나게 되면 자신이 바보라는 것을 인식하게 되고 자신이 '이성을 잃고 정신없이 빠져버린다'는 것을 잘 알고 있는 것이다. 그래서 자신의 실수를 인정하고 있다는 것이다. 이 점이 사랑하는 대상이 이해를 하게 되면 온전한 사랑의 게임은 다시 시작될 수 있는 가능성은 충분히 있다고 볼 수 있다.

Total Eclipse Of the Heart

Sung by Bonnie Tyler

(Turn around)
Every now and then I get a little bit lonely and you're never coming round
(Turn around)
Every now and then I get a little bit tired of listening to the sound of my tears
(Turn around)
Every now and then I get a little bit nervous that the best of all the years have gone by
(Turn around)
Every now and then I get a little bit terrified and then I see the look in your eyes
(Turn around bright eyes)
Every now and then I fall apart
(Turn around bright eyes)
Every now and then I fall apart

(Turn around)
Every now and then I get a little bit restless and I dream of something wild
(Turn around)
Every now and then I get a little bit helpless and I'm lying like a child in your arms
(Turn around)
Every now and then I get a little bit angry and I know I've got to get out and cry
(Turn around)
Every now and then I get a little bit terrified but then I see the look in your eyes
(Turn around bright eyes)
Every now and then I fall apart
(Turn around bright eyes)
Every now and then I fall apart

And I need you now tonight
And I need you more than ever
And if you'll only hold me tight

We'll be holding on forever
And we'll only be making it right
Cause we'll never be wrong together
We can take it to the end of the line
Your love is like a shadow on me all of the time
I don't know what to do and I'm always in the dark
We're living in a powder keg and giving off sparks
I really need you tonight
Forever's gonna start tonight
Forever's gonna start tonight

Once upon a time I was falling in love
But now I'm only falling apart
There's nothing I can do
A total eclipse of the heart

Once upon a time there was light in my life
But now there's only love in the dark
Nothing I can say
A total eclipse of the heart

(Turn around bright eyes)
Every now and then I fall apart
(Turn around bright eyes)
Every now and then I fall apart

And I need you now tonight
And I need you more than ever
And if you'll only hold me tight
We'll be holding on forever
And we'll only be making it right
Cause we'll never be wrong together
We can take it to the end of the line
Your love is like a shadow on me all of the time
I don't know what to do and I'm always in the dark

We're living in a powder keg and giving off sparks
I really need you tonight
Forever's gonna start tonight
Forever's gonna start tonight

Once upon a time I was falling in love
But now I'm only falling apart
Nothing I can do
A total eclipse of the heart

Once upon a time there was light in my life
But now there's only love in the dark
Nothing I can say
A total eclipse of the heart
A total eclipse of the heart

(Turn around bright eyes)
(Turn around bright eyes)
(Turn around)

마음이 완전히 사로 잡혀

보니 타일러의 노래

(돌아와요)
난 가끔 약간 외로움에 빠지지만 당신은 찾아와 주지 않았죠
(돌아와요)
난 가끔 약간 내 눈물 소리를 듣는 것에 약간 지쳐 버렸죠
(돌아와요)
난 가끔 약간 좋았던 나날들이 다 지나가 버린 것에 화가 나곤 하죠
(돌아와요)
난 가끔 약간 겁에 질려서 당신 눈망울 속의 시선을 뚫어지게 쳐다보죠
(돌아와요 밝은 눈망울)
난 가끔 무너져 내려요
(돌아와요 밝은 눈망울)
난 가끔 무너져 내려요

(돌아와요)
난 가끔 약간 안절부절 못하면서 무서운 꿈을 꾸곤 해요
(돌아와요)
난 가끔 약간 무기력해져 당신 품안에서 아이처럼 잠들곤 해요
(돌아와요)
난 가끔 약간 화가 나서 소리를 지르며 울곤 하죠
(돌아와요)
난 가끔 약간 겁에 질려서 당신 눈망울 속의 시선을 뚫어지게 쳐다보죠
(돌아와요 밝은 눈망울)
난 가끔 무너져 내려요.
(돌아와요 밝은 눈망울)
난 가끔 무너져 내려요.

그리고 오늘 밤 이제 난 당신을 필요로 해요
그리고 그 어느 때 보다 난 당신을 필요로 해요
그리고 당신이 단지 나를 꼭 껴안아준다면
우린 영원히 껴안고 있게 될 거예요
그리고 우리는 단지 그것을 그대로 지켜갈 거예요
그 이유는 우리가 함께 결코 그르칠 수 없기 때문이에요
우리는 그것을 죽을 때까지 가져 갈 수 있어요
당신의 사랑은 모든 시간 동안 나를 덮고 있는 그림자와 같아요
나는 뭘 해야 될지 모르겠어요 그리고 난 늘 어둠 속에 있어요
우린 탄약통 속에 살고 있고 불꽃을 내고 있어요
오늘 밤 나는 정말로 당신을 필요로 해요
영원함이 오늘 밤 시작될 거예요
영원함이 오늘 밤 시작될 거예요

옛날 옛적에 난 사랑에 빠지고 있었어요
하지만 지금 난 단지 무너져 내릴 뿐
내가 할 수 있는 게 아무 것도 없어요
마음이 완전히 사로잡혀

옛날 옛적에 내 삶엔 빛이 있었죠
하지만 지금 그 사랑은 어둠 속에 쳐 박혀있죠
내가 할 수 있는 말이 없어요
마음이 완전히 사로잡혀

(돌아와요 밝은 눈망울)
난 가끔 무너져 내려요
(돌아와요 밝은 눈망울)
난 가끔 무너져 내려요

그리고 오늘 밤 이제 난 당신을 필요로 해요
그리고 그 어느 때 보다 난 당신을 필요로 해요
그리고 당신이 단지 나를 꼭 껴안아준다면
우린 영원히 껴안고 있게 될 거예요
그리고 우리는 단지 그것을 그대로 지켜갈 거예요
그 이유는 우리가 함께 결코 그르칠 수 없기 때문이에요
우리는 그것을 죽을 때까지 가져 갈 수 있어요
당신의 사랑은 모든 시간 동안 나를 덮고 있는 그림자와 같아요
나는 뭘 해야 될지 모르겠어요 그리고 난 늘 어둠 속에 있어요
우린 탄약통 속에 살고 있고 불꽃을 내고 있어요
오늘 밤 나는 정말로 당신을 필요로 해요
영원함이 오늘 밤 시작될 거예요
영원함이 오늘 밤 시작될 거예요

옛날 옛적에 난 사랑에 빠지고 있었어요
하지만 지금 난 단지 무너져 내릴 뿐
내가 할 수 있는 게 아무 것도 없어요
마음이 완전히 사로잡혀

옛날 옛적에 내 삶엔 빛이 있었죠
하지만 지금 그 사랑은 어둠 속에 쳐 박혀있죠
내가 할 수 있는 말이 없어요
마음이 완전히 사로잡혀
마음이 완전히 사로잡혀

(돌아와요 밝은 눈망울)
(돌아와요 밝은 눈망울)©
(돌아와요)

* 영어 발음 제대로 듣거나 말하기

1) 이어지는 소리(연음)의 경우

(1) 약모음 이동

Turn around, get a, fall apart, like a, in a, upon a, falling apart, total eclipse

Turn around에서 around의 a는 약모음 [ə]가 되어 앞 낱말 끝부분에 가서 붙어 '터너 라운드'로 발음된다. get a에서 a는 약모음 [ə]가 되어 앞 낱말 끝부분에 가서 붙어 '게러'에 가깝게 발음된다. like a, in a와 upon a도 마찬가지 경우이다. fall apart에서 apart의 a는 약모음 [ə]가 되어 앞 낱말 끝부분에 가서 붙어 '홀어 파트' 에 가깝게 발음된다. falling apart도 마찬가지 경우이다. total eclipse에서 e는 강세를 받지 않기 때문에 약모음 [ə]가 되어 앞 낱말 끝부분에 가서 붙어 '토터러 크립스'로 발음된다.

(2) 자음 이동

sound of, best of, of all, terrified and, look in, and I, dream of, get out, And if, take it, end of, love is, all of, always in, keg and, eclipse of, light in, love in, take it

sound of에서 sound의 자음 d가 뒤에 있는 낱말 앞부분에 가서 붙어 '사운더브'로 발음된다. 이 경우 of는 기능어이기 때문에 [əv]나 [ə]로 발음된다. best of, dream of, end of와 all of도 마찬가지 경우이다. of all에서 of 발음 [əv]에서 자음 v가 뒤에 있는 낱말 all의 앞부분에 가서 붙어 '어볼'로 발음된다. terrified and에서 terrified의 ed는 발음이 [d]가 되어 뒤에 있는 낱말 앞부분에 가서 붙어 '테리화이댄'에 가깝게 발음된다. keg and도 마찬가지 경우이다. look in서 look의 자음 k는 뒤에 있는 낱말 앞부분에 가서 붙어 '루킨'으로 발음된다. always in과 light in도 마찬가지 경우이다. and I에서 and의 d는 앞의 콧소리 n을 닮아 n으로 된 후 nn이 겹쳐서 나오기 때문에 앞의 n은 탈락된다. 그리고 남은 자음 n이 뒤에 있는 낱말 앞부분에 가서 붙어 '애나이'로 발음된다. get out에서 get의 자음 t는 뒤에 있는 낱말 앞부분에 가서 붙어 '게라웃'에 가깝게 발음된다. And if에서 And의 d는 앞의 콧소리 n을 닮아 n으로 된 후 nn이 겹쳐서 나오기 때문에 앞의 n은 탈락된다. 그리고 남은 자음 n이 뒤에 있는 낱말 앞부분에 가서 붙어 '애니휘'에 가깝게 발음된다. take it에서 take의 e는 낱말 끝에 있기 때문에 약화되고 그 앞에 있는 k가 뒤에 있는 낱말 앞부분에 가서 붙어 '테이킷'으로 발음된다. eclipse of에서 eclipse의 e는 낱말 끝에 있기 때문에 약화되고 그 앞에 있는 s가 뒤에 있는 낱말 앞부분에 가서 붙어 '어크립서브'로 발음된다. love in에서 love의 e는 낱말 끝에 있기 때문에 약화되고 그 앞에 있는 v가 뒤에 있는 낱말 앞부분에 가서 붙어 '러빈'으러 발음된다. take it에서 take의 e는 낱말 끝에 있기 때문에 약화되고 그 앞에 있는 k가 뒤에 있는 낱말 앞부분에 가서 붙어 '테이킷'으로 발음된다.

2) 없어지는 소리(탈락)의 경우

and then, little, that the, terrified, restless, restless, helpless, helpless, got to, and cry, but then, hold me, And we'll, all, don't know, what to, sparks, really, start tonight

and then에서 and의 d가 then의 th[ð]와 비슷한 발음이기 때문에 앞에 있는 d가 탈락되어 '앤덴'에 가깝게 발음된다. that the와 but then도 마찬가지 경우이다.

little에서 tt의 t는 같은 철자이기 때문에 앞의 t가 탈락되어 '리를'에 가깝게 발음된다. terrified, restless, helpless, got to, all, what to, really와 start tonight도 마찬가지 경우이다.

restless에서 restless의 t는 자음 s와 자음 l 사이에 놓이기 때문에 탈락되어 '레스리스'로 발음된다. 이와 같이 자음과 자음 사이에 놓이는 여섯 개의 파열음인 철자—k/g, p/b, t/d—가 탈락되는 예로 helpless, and cry, hold me, And we'll, don't know와 sparks가 해당된다.

3) 닮는 소리(동화)의 경우

(1) 단타음화

get a, little, tired of, get out

get a에서 t가 강모음과 약모음 사이에 놓이면 단타음(單打音)으로 되어 t도, d도, r도 아닌 발음이 된다. get a는 '게러'에 가깝게 발음된다. 이 소리는 한글로 표기할 수 없으며 오직 소리로만 익힐 수밖에 없다. 특히 미국영어(American English)에서 두드러진 현상이다. get out도 마찬가지 경우이다.

tired of에서 d가 강모음과 약모음 사이에 놓이면 단타음(單打音)으로 되어 t도, d도, r도 아닌 발음이 된다. tired of는 '타이어러브'에 가깝게 발음된다. 이 소리는 한글로 표기할 수 없으며 오직 소리로만 익힐 수밖에 없다. 특히 미국영어 (American English)에서 두드러진 현상이다.

(2) 구개음화

need you

need you에서 need의 d[d]와 y[j]가 합쳐지면 서로 닮아서 [ʤ]로 바뀌어 '니쥬'에 가깝게 발음된다. 발음된다. 이런 현상은 영국영어(British English) 보다 미국영어 (American English)에서 자주 나타나는 현상이다.

(3) 비음화

and

미국영어(American English)의 경우 and에서 d가 바로 앞에 있는 콧소리[비음] n을 닮아서 n으로 되었다가, n이 겹치기 때문에 앞의 n이 탈락되어 '앤'으로 발음된다. 그런데 영국영어(British English)에서는 d를 그대로 발음하는 경우가 대부분이다.

4) 줄어진 소리(축약)의 경우

you're, I'm, I've, you'll, We'll, Cause, don't, We're, Forever's, There's be 동사의 경우인 you'**re**, I'**m**, We'**re**, Forever'**s**와 There'**s**, have 동사의 경우인 I'**ve**, 도우미동사(조동사)의 경우인 you'**ll**과 We'**ll**, 부정형인 do**n't**가 있다. 이 가운데 you'**ll**과 We'**ll**에서 'll이 한국인이 발음하기에 가장 힘든 예이다. 그 이유는 'll은 will의 줄인 형태인데 'll'이 한국어에 없는 발음으로, 'l'은 혀를 입천장에 붙여서 소리를 내야 하는데, 한국어에는 이렇게 소리를 내는 것이 없기 때문이다.

Cause는 because의 줄어진 형태이다.

5) 주의해야 할 발음

dream, **can**, **wh**at. **sp**arks, **st**art,

dream에서 'dr~'의 발음은 '드'와 '주'의 중간쯤 되는 소리로 '쥬'에 가깝게 발음된다. 따라서 dream은 '드림'이라기 보다 '쥬림'에 가깝게 가깝게 발음된다.

can은 can't와 마찬가지로 도우미동사로 기능낱말이기 때문에 약하게 발음한다. 그런데 can't 다음에 자음이 나오기 때문에 탈락되는 경우가 대부분이어서 can은 [kən]으로 can't는 [kæn]으로 발음하기로 약속이 되어 있다. 그런데 can이 문장 가운데 들어가는 경우가 [kən]으로 주로 발음되고 문장의 끝에 들어가는 경우에는 [kæn]으로 발음되는 경우가 대부분이다. can't는 기본적으로 [kæn]으로 발음되면서 can 보다 약간 길게 발음되는 경향이 있다.

what에서 wh~로 시작되는 낱말은 'w' 뒤에 있는 'h'의 소리가 보통 들리지 않는다. 그러니까 what은 '홧'이라기 보다 '왓'에 가깝게 발음된다. 그러나 사람과 관련된 who, whose와 whom은 예외로 'h' 소리가 그대로 난다.

sparks와 **st**art에서 s+k/p/t가 되면 된소리에 가깝게 소리가 난다. 대부분 k/p/t가 들어간 낱말은 h가 들어가는 소리를 내게 되는데, s+k/p/t의 경우는 h 소리가 들어가지 않고 된소리에 가깝게 발음된다. 그러니까 sparks는 '스빡스'에 가깝게, start는 '스땃'에 가깝게 발음된다.

6) 기타

gonna

gonna는 허물없이 발음하는 경우의 예이다. gonna는 going to인데 입말체에서 '고잉투' 로 발음하지 않고 '가너' 또는 '고너'로 발음하고, going to로 표기가 되어 있더라고 말을 할 때는 gonna로 발음하는 경우가 많다. going to에서 gonna로 바뀌는 과정은 '팝송영어 소리를 제대로 듣는 요령'에 나와 있는 설명을 참고하기 바란다.

* 팝송에 들어 있는 쓸모 있는 영어 표현들

1. Turn around: **turn around**는 1) '회전하다[시키다]', 2) '돌아서다[몸을 돌리다], ~을[를] 돌리다, [돌려 세우다], (반대쪽으로) 방향을 바꾸다[바꾸게 하다], 뒤돌아보[게 하]다', 3) '(나쁜 상황이, 경기 · 경제 등이[을]) 호전되다[시키다]'와 4) '일변하다[시키다], (시장 등이) 역경향을 보이다[보이기 시작하다]'라는 뜻으로 쓰인다. 이 노래에서는 2)의 뜻으로 쓰이는데 '돌아와요' 또는 '발길을 돌려요'로 이해하면 될 것이다.

   1)의 예문들은 다음과 같다.

   We were **turning around** in circles.
   (우리는 원을 그리며 회전하고 있었다.)
   The earth turns around on its axis.
   (지구는 축에서 회전한다.)
   Just backing up and turning around.
   (바로 후진해서 회전 하십시오.)

   2)의 예문들은 다음과 같다.

   Turn around and let me look at your back.
   (내가 네 등을 볼 수 있게 돌아서 봐.)

As I turned around, I accidentally hit him in the face.

(내가 몸을 돌리다가 뜻하지 않게 그의 얼굴을 쳤다.)

She finished putting the milk away and turned around.

(그녀는 우유를 치워 두고 돌아섰다.)

3)의 예문들은 다음과 같다.

But i'm confident that it'll **turn around** soon.

(하지만, 나는 곧 호전될 것이라고 확신합니다.)

The economy will turn around sooner or later.

(조만간 경기가 회복될 것이다.)

In his long career, Horton turned around two entire divisions.

(오랫동안 회사에 근무하면서 홀튼은 두 개 부서 전체를 개선시켰다.)

4)의 예문들은 다음과 같다.

In 2002, Downey's life began to **turn around**.

(이천이 년에는 다우니는 삶의 전환기를 맞이하였다.)

His life turned around when he won the lottery.

(그는 복권에 당첨되어 팔자를 고쳤다.)

Oil prices have turned around again and are rising.

(유가가 다시 상승세로 반전했다.)

2. Every now and then I get a little bit lonely and you're never coming round: **every now and then**은 '때로는, 때때로, 가끔'(=every now and again)이란 뜻이다. 예문들은 다음과 같다.

Every now and then he regretted his decision.

(그는 때때로 자신의 결정을 후회했다.)

She stops by to see her niece every now and then.

(그녀는 가끔 조카를 보러 잠깐 들리곤 한다.)

Stir the batter every now and then to keep it from separating.

(반죽이 분리되지 않도록 가끔 저어 주세요.)

come round는 1) '(돌아) 오다, 훌쩍 오다', 2) '(정기적으로) 일어나다', 3) '(다른 의견, 입장으로) 바꾸다, 동조[동의]하다', 4) '의식을 회복하다, 기운[기분]을 되찾다, 정신이 돌아오다', 5) '(누구의 집에) 오다[가다]'와 6) '(아무를) 속이다, 구워 삶다 '라는 뜻으로 쓰인다. 이 노래에서는 1)의 뜻으로 쓰이고 있다.
1)의 예문들은 다음과 같다.

Do **come round** and see us some time.
(언제 저희 집에 꼭 한 번 오세요.)

There she is, coming round the corner.
(저기 그녀가 모퉁이를 돌아오는군.)

She came round the corner at full speed.
(그녀가 모퉁이를 전속력으로 달려 왔다.)

2)의 예문들은 다음과 같다.

Christmas will **come round** again soon.
(곧 크리스마스가 또 돌아온다.)

The mailman comes round twice a day.
(우편집배원은 하루에 두 번 온다.)

The doctor will soon come round to see you.
(의사 선생님께서 곧 회진하실 것입니다.)

3)의 예문들은 다음과 같다.

He'll never **come round** to our way of thinking.
(그는 절대 우리의 사고방식을 바꿔 놓지 못할 것이다.)

The people were gradually coming round to jingoism.
(그 국민들의 생각은 차차 주전론으로 기울어졌다.)

On second thought he will forget his anger and come round.
(나중에 화를 풀고 화해할 것이다.)

4)의 예문들은 다음과 같다.

When I **came round**, I was terribly sick.

(내가 의식이 돌아왔을 때, 나는 몹시 멀미가 났다.)

Your mother hasn't yet come round from the anaesthetic.

(당신 어머니께서 아직 마취에서 안 깨어나셨습니다.)

He was out for more than an hour and came round in the hospital.

(그는 한 시간 넘게 의식을 잃고 있다가 병원에서 의식이 돌아왔다.)

5)의 예문들은 다음과 같다.

Come round sometime.

(조만간 한번 들르시오.)

He hasn't come round yet.

(그 사람 아직 안 들렀어요.)

Quite a lot of people came round to the house.

(굉장히 많은 사람들이 그 집에 왔다.)

6)의 예문들은 다음과 같다.

You can't **come round** me with such yarns.

(내가 너의 그런 말에 넘어가지 않는다.)

3. I get a little tired of listening to the sound of my tears: **tired of**는 '…에 진절머리가 난, 싫증이 난'이란 뜻이다. 보통 be tired of나 get tired of의 구문으로 쓰인다. tired of의 예문들은 다음과 같다.

I'm sick and **tired of** all the arguments.

(난 그 모든 언쟁들이라면 신물이 나.)

Paul got tired of the daily routine of life.

(폴은 삶의 반복되는 일상사에 지겨워졌다.)

I'm tired of having to pretend all the time.

(나는 언제나 가식적으로 행동해야 하는 것에 질렸다.)

그런데 **tired with**는 '~로 피곤한, ~탓에 지친'이란 뜻이다. tired with의 예문들은 다음과 같다. 보통 be tired with나 get tired with의 구문으로 쓰인다.

He was tired with hard work.
(그는 과로로 피곤했다.)
I am very tired with that long walk.
(나는 그 오랜 산책으로 매우 피곤했다.)

4. I get a little bit nervous that the best of all the years have gone by: **go by**는 1) '…의 옆[앞]을 지나다', 2) '(날, 때가) 경과하다, 지나가다, 흐르다', 3) '[let ... go by의 꼴로] (기회 따위를) 놓치다', 4) '(…이름으로) 알려지다, 통하다'와 5) '…에 따라 행동하다[행해지다], ~을[를] 따르다[길잡이로 삼다], …에 의하다, …으로 판단하다, …에 의거하다'라는 뜻으로 쓰인다. 이 노래에서는 2)의 뜻으로 쓰이고 있다.

1)의 예문들은 다음과 같다.

Then he saw a deer **go by**.
(그때 그는 사슴이 지나가는 것을 보았다.)
I stepped aside and let others go by me.
(나는 옆으로 비켜서서 다른 사람들이 지나가게 했다.)
We sat outside a cafe, watching the world go by.
(우리는 카페 밖에 앉아 사람들을 구경했다.)

2)의 예문들은 다음과 같다.

As years **go by**, I feel more homesick.
(해를 거듭할수록 나는 고향 생각이 간절하다.)
Things will get easier as time goes by.
(시간이 지나면 일이 더 수월해질 것이다.)
Hardly a day goes by without a visit from someone.
(하루도 사람이 방문하지 않는 날은 거의 없다.)

3)의 예문들은 다음과 같다.

He let the chance **go by**.

(그는 기회를 놓쳤다.)

Don't let this chance go by.

(이 기회를 놓치지 마라.)

We've let too much time go by.

(우린 너무 많은 시간을 허비했어.)

4)의 예문들은 다음과 같다.

What name do you **go by**?

(어떤 이름으로 통하세요?)

We go by our first names.

(우린 서로 이름을 부르는 사이에요.)

Many artists also go by catchy English names.

(많은 아티스트들도 기억하기 쉬운 영어 이름을 사용한다.)

5)의 예문들은 다음과 같다.

Promotion **goes by** merit.

(승진은 공로에 따라서 한다.)

That's a good rule to go by.

(저것은 길잡이로 삼기에 좋은 규칙이다.)

If past experience is anything to go by, they'll be late.

(만약 과거의 경험을 기준으로 판단한다면 그들은 늦을[지각할] 것이다.)

5. Every now and then I fall apart: **fall apart**는 '산산조각이 나다, 다 허물어질[부서질] 정도이다, 붕괴되다, 깨어지다, 사이가 나빠지다, 실패로 끝나다, 결딴나다, <입말체로> (심리적으로) 동요하다, 당황하다'라는 뜻으로 쓰인다. 이 노래에서는 '마음이 산산이 부서질 정도이다'라는 것을 나타낸다. 예문들은 다음과 같다.

The deal **fell apart** when we failed to agree on a price.

(우리가 가격에 대해 합의를 보지 못해서 그 거래는 결딴이 나 버렸다.)

Our university system is in danger of falling apart at the seams.

(우리의 대학 시스템이 와해될 위험에 처해 있다.)

The work was never finished and bit by bit the building fell apart.

(그 일은 좀처럼 끝나지 않았고, 건물은 조금씩 조금씩 무너졌다.)

6. I get a little bit restless and I dream of something wild: **restless**는 1) '(지루하거나 따분해서) 가만히 못 있는[들썩이는]'과 2) '제대로 쉬지 못하는'이란 뜻으로 쓰인다. 이 노래에서는 1)의 뜻으로 쓰이고 있다.

1)의 예문들은 다음과 같다.

They all felt **restless** and unsettled.

(그들은 모두 가만히 못 있고 불안해했다.)

The audience was becoming restless.

(관객들이 들썩이기 시작하고 있었다.)

My father seemed very restless and excited.

(우리 아버지는 안절부절못하며 매우 흥분하신 것 같았다.)

2)의 예문들은 다음과 같다.

It was a **restless** day.

(쉴 틈 없는 하루였다.)

Sales are stuffy and restless occasion.

(판매라고 하는 것은 숨 막히는 휴식 없는 일이다.)

My father will have a restless night because of his work.

(아빠는 일 때문에 잠을 안 자고 계속 일하실 것이다.)

dream of는 '~을[를] 꿈꾸다'란 뜻으로 쓰인다. 예문들은 다음과 같다.

I still **dream of** home.

(나는 아직도 집에 대한 꿈을 꾼다.)

I wouldn't dream of making fun of you.

(내가 너를 놀리는 것은 꿈도 못 꿀 일이야.)

Never did I dream of seeing you again.

(당신을 다시 만나리라고는 꿈에도 생각 못했네.)

7. And I need you more than ever: **more than ever**는 '더욱 더, 점점, 어느 때보다'란 뜻이다. 예문들은 다음과 같다.

They need to study harder now **more than ever**.

(그들은 더욱 더 열심히 공부할 필요가 있다.)

South Korea needs the U.S.'s help now more than ever.

(그래서 한국은 지금 그 어느 때보다도 미국의 도움이 필요하다.)

Now more than ever, South Korea has become the high-performance engine that regulates the growth of North Korea.

(이제 그 어느 때보다 한국은 북한의 성장을 좌우하는 고성능 엔진이 되었다.)

8. We'll be holding on forever: **hold on**은 1) '(명령문 형태로 쓰여) 기다려[멈춰]', 2) '(곤경 · 위험을) 견뎌[참아] 내다', 3) '(수동태로는 안 씀) (~을) 계속 잡고 있다', 4) '(자기에게 유리한 것을) 고수하다[지키다]; (팔거나 주지 않고) 계속 보유하다', 5) '~을[를] (제자리에) 고정시키다'와 6) '기다리다'라는 뜻으로 쓰인다. 이 노래에서는 3)의 뜻으로 쓰이고 있다.

1)의 예문들은 다음과 같다.

Let me check my phone book. **Hold on**.

(전화번호 수첩에서 찾아볼 게. 잠깐만 기다려봐.)

Hold on please, I'm trying to connect you.

(잠깐 기다리세요. 연결해 드리겠습니다.)

Hold on a minute while I get my breath back.

(내가 숨을 돌릴 때까지 잠깐 기다려.)

2)의 예문들은 다음과 같다.

Hold on, even if it hurts!

(참아요, 아프더라도!)

I can't hold on much longer.

(난 더 이상 버틸 수 없어.)

I'm just too sleepy to hold on.

(저는 졸려서 못 견디겠어요.)

3)의 예문들은 다음과 같다.

Hold on, this is a bad road!

(꽉 잡아, 길이 안 좋아!)

Hold on and don't let go until I say so.

(내가 그러라고 할 때까지 놓지 말고 계속 잡고 있어.)

I hold on to the rail when I go down steep stairs.

(나는 가파른 계단을 내려갈 때 난간을 꼭 붙잡는다.)

4)의 예문들은 다음과 같다.

If you **hold on** to your dream, you can do it!

(당신이 꿈을 잃지 않으면 이룰 수 있어요.)

I'd buy a few shares now, and just hold on to them.

(저라면 지금 몇 주 사서 보유하겠습니다.)

I told him how we had fought to hold on to the company.

(나는 우리가 회사를 지켜 내기 위해 어떻게 분투해 왔는지 그에게 알려 줬다.)

5)의 예문들은 다음과 같다.

This pin **holds** the wheel **on**.

(이 핀으로 바퀴가 빠지지 않다.)

These nuts and bolts hol**d** the wheels on.

(이 너트와 볼트들 덕분에 바퀴가 제자리에 붙어 있게 된다.)

The knob is only held on by sticky tape.

(그 손잡이는 겨우 접착테이프로 고정되어 있다.)

6)의 예문들은 다음과 같다.

Would you **hold on** a second?

(잠시만 기다리시겠어요?)

Can you hold on until this baseball game is finished?

(이 야구 경기가 끝날 때까지 기다리면 안 돼?)

There are several people ahead of you. Just hold on.

(당신 앞에 여러 사람이 기다리고 있어요. 그러니 기다리세요.)'

9. We can take it to the end of the line: **end of the line**은 end of the road와 같은 뜻으로 '막다른 곳, 궁지, 최후, 죽음, 맨 꼴찌, 종점, 줄 맨 뒤'이란 뜻이다. 예문들은 다음과 같다.

Our relationships has reached the **end of the line**.

(우리의 관계는 끝장이 났다.)

They've got to ride all the way to the end of the line.

(그들은 노선 종점까지 내처 타고 가야만 한다.)

There was a gurgle of laughter on the other end of the line.

(그 줄 다른 쪽 끝에서 가르랑거리는 웃음소리가 났다.)

10. We're living in a powder keg and giving off sparks: **give off**는 '(냄새 · 빛 따위를) 내다[발하다], 방출하다'라는 뜻으로 쓰인다. give off sparks는 '불똥이 튀다'라는 뜻이다. 예문들은 다음과 같다.

Cheap oil **gives off** bad odor.

(싼 기름은 악취를 발한다.)

The flowers in this garden give off a strange odor.

(이 정원의 꽃들은 이상한 냄새를 풍긴다.)

She is always giving off a strong smell of perfume.

(그녀는 언제나 진한 향수 냄새를 풍긴다.)

11. Once upon a time I was falling in love: **once upon a time**은 '(특히 이야기 시작 부분에서) 옛날 옛적에, 옛날에'란 뜻이다. 예문들은 다음과 같다.

Once upon a time there was a beautiful princess.
(옛날 옛날에 한 아름다운 공주가 있었습니다.)

Once upon a time, there lived two sisters in a village.
(옛날 옛적, 한 마을에 자매가 살고 있었습니다.)

Once upon a time, a lamb was drinking water from a stream.
(옛날에, 새끼 양 한 마리가 개울에서 물을 마시고 있었다.)

fall in love는 '사랑에 빠지다, …에게 반하다, …와 사랑을 하다'라는 뜻이다. 예문들 은 다음과 같다.

She **fell in love** with him.
(그녀는 그 남자에게 반했다.)

What made you fall in love with him?
(당신은 그 사람의 어떤 점에 반했어요?)

Slowly but surely she started to fall in love with him.
(서서히 그러나 분명히 그녀는 그를 사랑하기 시작하고 있었다.)

12. A total eclipse of the heart: **eclipse**는 '(해 · 달의) 식(蝕), 빛의 상실[소멸]'이란 뜻이다. a solar eclipse는 '일식', a lunar eclipse는 '월식', a total eclipse는 '개기식', a partial eclipse는 '부분식'이다. 그러니까 total eclipse of the heart는 마음이 상대 방에게 완전히 먹힌다는 이야기는 '내 마음이 상대방에게 완전히 사로잡힌다'라는 뜻이다.

기억할 만한 영어 문장

1. I really need you tonight.

   (오늘 밤 나는 정말로 당신을 필요로 해요.)

2. Your love is like a shadow on me all of the time.

   (당신의 사랑은 모든 시간 동안 나를 덮고 있는 그림자와 같아요.)

3. I don't know what to do and I'm always in the dark.

   (나는 뭘 해야 될지 모르겠어요 그리고 난 늘 어둠 속에 있어요.)

* 팝송 에세이

이별의 아픔은 이별을 경험해보지 않은 사람은 모를 것이다. 이별 이야기를 듣는 것과 이별을 직접 경험해 보는 것은 스쳐가는 이야기에 그치는 것과 마음속 또는 뼛속 깊이 사무치는 아픔처럼 비교할 수 없을 것이다. 강렬한 체험을 통해 알거나 깨닫게 된 학습 효과가 뛰어나다는 것은 분명하다. 이별 후 시간이 그렇게 많이 경과되지 않았을 때의 주변 세계는 적막감과 어둠으로 둘러싸인 세계가 된다. 그런 세계 속에서의 삶의 의미는 찾을 수 없을 것이다. 그렇지만 시간이 어느 정도 지나게 되면 얼마간 회복이 될 수 있는 기회가 생긴다.

이별 후에 갖게 되는 경험 수치는 잴 수는 없을 것이다. 수치로서 계산될 수는 없지만 그 강도는 강렬할 것이다. 이별 후에 찾아오는 경험인 외로움, 눈물 흘림, 악몽 꾸기, 무기력, 화냄, 겁에 질림과 좌절감으로 '난 가끔 무너져 내려요'라는 것으로 나타난다. 이런 좌절의 늪에서 빠져나오기 위해서 가장 절실하게 요구되는 것은 상대방이 나타나서 그냥 꼭 껴안아주면 그동안의 모든 것이 해결된다. 그동안의 절망감에서 벗어날 수 있기 때문이다. 그 안아주는 것만으로도 어둠을 빠져 나올 수 있듯이 단순한 행위가 큰 위로와 위안을 만들어내는 것이다. 상대방에게 마음이 완전히 사로 잡혀 있었고, 앞으로도 사로 잡혀 있을 것이라는 생각은 상대방의 존재 가치가 변하지 않고 그대로 보존되고 있다는 것을 의미한다. 복잡하게 이야기 하지 않은 듯 보이지만 계속해서 반복되는 '돌아와요 밝은 눈망울'은 자신의 간절한 바람을 가장 간결하게 표현하고 있다고 볼 수 있다. 사랑의 시작은 눈망울에서 시작되고 눈망울에서 확인되고 눈망울에서 사랑이 완성되기 때문에 눈망울 그것도 밝은 눈망울을 바라볼 수 있게 되면 그 모든 것이 단숨에 해결되기에 간절하게 '돌아와요 밝은 눈망울'이라고 노래하고 있는 것이다.

★ 덧붙이는 글 ★

이 노래는 위에 제시한 가사 순서로 되어 있는 경우도 있고, 6연(Turn around bright eyes ~ Every now and then I fall apart)과 7연(And I need you now tonight ~ Forever's gonna start tonight) 사이에 다음 가사가 들어가는 경우도 있다.

(Turn around)
Every now and then I know you'll never be the boy you always wanted to be
(Turn around)
Every now then I know you'll always be the only boy who wanted me the way that I am
(Turn around)
Every now and then I know there's no one in the universe as magical and wonderous as you
(Turn around)
Every now and then I know there's nothing any better and there's nothing that I just wouldn't do
(Turn around bright eyes)
Every now and then I fall apart
(Turn around bright eyes),
Every now and then I fall apart

(돌아와요)
난 당신이 언제나 되길 바랬던 그런 사람이 결코 되지 못할 거라는 걸 난 알아요
(돌아와요)
난 당신이 언제나 내가 지금 이대로 머물러 있기를 원했던 그런 사람이 될 거란 걸 난 알아요
(돌아와요)
난 이 우주엔 당신같이 신비롭고 놀라운 존재가 더 존재하지 않는다는 걸 알아요
(돌아와요)
난 지금보다 더 나은 게 없다는 걸, 그리고 내가 하지 못할 일 따위는 없다는 걸 알아요
(돌아와요 밝은 눈망울)
난 가끔 무너져 내려요
(돌아와요 밝은 눈망울)
난 가끔 무너져 내려요
이 경우에는 9연 끝부분에 A total eclipse of the heart가 한 번 더 추가되어 있다.

Volcano

Sung by Damien Rice(feat. Lisa Hannigan)

Don't hold yourself like that
You'll hurt your knees
Well I kissed your mouth and back
But that's all I need
Don't build your world around
Volcanoes melt you down

What I am to you is not real
What I am to you, you do not need
What I am to you is not what you mean to me
You give me miles and miles of mountains
And I'll ask for the sea

Don't throw yourself like that
In front of me
I kissed your mouth, your back
Is that all you need?
Don't drag my love around
Volcanoes melt me down

What I am to you is not real
What I am to you, you do not need
What I am to you is not what you mean to me
You give me miles and miles of mountains
And I'll ask for what I give to you

Is just what I'm going through
This is nothing new
No no just another phase of finding
What I really need

Is what makes me bleed
But like a new disease
Lord, she's still too young to treat

Volcanoes melt you down
She's still too young
Volcanoes melt you down
She's still too young
Volcanoes melt you down
She's still too young
Volcanoes melt you down
She's still too young
Volcanoes melt you down
She's still too young
Volcanoes melt you down
She's still too young
Volcanoes melt you down
She's still too young
Volcanoes melt you down
She's still too young
I kissed your mouth
She's still too young
Volcanoes melt you down
I kissed your mouth
She's still too young
I kissed your mouth
She's still too young
I kissed your mouth
She's still too young
I kissed your mouth
She's still too young
You do not need me

화산

데미언 라이스(특별출연 리사 해니건)의 노래

그렇게 가만히 있지 마
네 무릎만 다칠 테니까
글쎄 네 입과 등에 입맞춤 했어
하지만 그게 내가 원하는 전부야
너만의 세계에 널 가두지 마
화산이 널 녹여버리거든

너에게 나의 존재는 현실이 아니야
너에게 나의 존재는 네가 필요로 하는 것이 아니야
너에게 나의 존재는 네가 내게 의미하는 바가 아니야
넌 나에게 높고 높은 산을 주는데
그리고 난 너에게 바다를 요구할 거야

자신을 그렇게 포기하지 마
내 앞에서
네 입과 등에 입맞춤 했어
그게 네가 원하는 전부인 거니?
내 사랑을 끌고 가지 마
화산이 날 녹여버릴 거야

너에게 나의 존재는 현실이 아니야
너에게 나의 존재는 네가 필요로 하는 것이 아니야
너에게 나의 존재는 네가 내게 의미하는 바가 아니야
넌 나에게 높고 높은 산을 주는데
그리고 난 너에게 주는 걸 요구할 거야

내가 너에게 준건 그저 내가 앞으로 헤쳐 나갈 것들이야
새로운 건 없어
아니 아니 그저 찾는 것의 다른 면일 뿐
내가 정말 원하는 건
나를 피 흘리게 하는 것이야
하지만 새로운 병처럼
하느님 맙소사, 그녀는 아직 대하기엔 너무 어려

화산이 널 녹여버리거든
그녀는 아직 너무 어려
화산이 널 녹여버리거든

그녀는 아직 너무 어려
화산이 널 녹여버리거든
그녀는 아직 너무 어려
화산이 널 녹여버리거든
그녀는 아직 너무 어려
화산이 널 녹여버리거든
그녀는 아직 너무 어려
화산이 널 녹여버리거든
그녀는 아직 너무 어려
화산이 널 녹여버리거든
그녀는 아직 너무 어려
화산이 널 녹여버리거든
그녀는 아직 너무 어려
난 너의 입술에 입맞춤했어
화산이 널 녹여버리거든
난 너의 입술에 입맞춤했어
그녀는 아직 너무 어려
난 너의 입술에 입맞춤했어
그녀는 아직 너무 어려
난 너의 입술에 입맞춤했어
그녀는 아직 너무 어려
난 너의 입술에 입맞춤했어
그녀는 아직 너무 어려
넌 내가 필요없어

* 영어 발음 제대로 듣거나 말하기

1) 이어지는 소리(연음)의 경우

(1) 약모음 이동

world around, love around, just another, like a

world around에서 around의 a는 약모음 [ə]가 되어 앞 낱말 끝부분에 가서 붙어 '월더 라운드'로 발음된다. love around도 마찬가지 경우이다. just another에서 another의 a는 약모음 [ə]가 되어 앞 낱말 끝부분에 가서 붙어 '저스터 나더'에 가깝게 발음된다. like a에서 a는 약모음 [ə]가 되어 앞 낱말 끝부분에 가서 붙어 '라이커'로 발음된다.

(2) 자음 이동

all I, miles and, miles of, front of, phase of

all I에서 all의 자음 ll이 뒤에 있는 낱말 앞부분에 가서 붙어 '오라이'로 발음된다. miles and에서 miles의 자음 s가 뒤에 있는 낱말 앞부분에 가서 붙어 '마일잰'으로 발음된다. miles of에서 miles의 자음 s가 뒤에 있는 낱말 앞부분에 가서 붙어 '마일저브'로 발음된다. 이 경우 of는 기능어이기 때문에 [əv]나 [ə]로 발음된다. front of도 마찬가지 경우이다. phase of에서 phase의 e는 낱말 끝에 있기 때문에 약화되고 그 앞에 있는 s가 뒤에 있는 낱말 앞부분에 가서 붙어 '패이저브'로 발음된다.

2) 없어지는 소리(탈락)의 경우

Don't hold, and back, But that's, all, Don't build, Don't throw, Don't drag, melt me, just what, really, still

Don't hold에서 Don't의 t는 자음 n과 hold의 자음 h 사이에 놓이기 때문에 탈락되어 '돈 호울드'로 발음된다. 이와 같이 자음과 자음 사이에 놓이는 여섯 개의 파열음인 철자—k/g, p/b, t/d—가 탈락되는 예로 and back, Don't build, Don't drag, melt me와 just what가 해당된다.

But that's에서 But의 t가 that's의 th[ð]와 비슷한 발음이기 때문에 앞에 있는 t가 탈락되어 '버댓츠'로 발음된다.

all에서 ll의 l은 같은 철자이기 때문에 앞의 l이 탈락되어 '올'로 발음된다. really와 still도 마찬가지 경우이다.

Don't throw에서 Don't의 t가 throw의 th[θ]와 비슷한 발음이기 때문에 앞에 있는 t가 탈락되어 '돈 스로우'에 가깝게 발음된다.

3) 닮는 소리(동화)의 경우

(1) 구개음화

hold yourself, hurt your, kissed your, build your, melt you, what you, hold yourself에서 hold의 d[d]와 y[j]가 합쳐지면 서로 닮아서 [ʤ]로 바뀌어 '홀쥬어셀흐'에 가깝게 발음된다.. 이런 현상은 영국영어(British English) 보다 미국영어(American English)에서 자주 나타나는 현상이다. build your도 마찬가지 경우이다.

hurt your에서 hurt의 t[t]와 your의 y[j]가 합쳐지면 서로 닮아서 [tʃ]로 바뀌어 '허츄어'에 가깝게 발음된다. 따라서 이런 현상은 영국영어(British English) 보다 미국영어(American English)에서 자주 나타나는 현상이다. melt you와 what you도 마찬가지 경우이다.

kissed your에서 kissed의 ed 발음 [t]와 your의 y[j]가 합쳐지면 서로 닮아서 [tʃ]로 바뀌어 '키스츄어'에 가깝게 발음된다. 따라서 이런 현상은 영국영어(British English) 보다 미국영어(American English)에서 자주 나타나는 현상이다.

4) 줄어진 소리(축약)의 경우

Do**n't**, You'**ll**, that'**s**, I'**ll**, I'**m**, she'**s**

부정형인 Do**n't**, 도우미동사(조동사)의 경우인 You'**ll**과 I'**ll**, be 동사의 경우인 that'**s**, I'**m**과 she'**s**가 있다. 이 가운데 You'**ll**과 I'**ll**에서 'll이 한국인이 발음하기에 가장 힘든 예이다. 그 이유는 'll은 will의 줄인 형태인데 'll'이 한국어에 없는 발음으로, 'l'은 혀를 입천장에 붙여서 소리를 내야 하는데, 한국어에는 이렇게 소리를 내는 것이 없기 때문이다.

5) 주의해야 할 발음

What, **dr**ag

What에서 wh~로 시작되는 낱말은 'w' 뒤에 있는 'h'의 소리가 보통 들리지 않는다. 그러니까 What은 '홧'이라기 보다 '왓'에 가깝게 발음된다. 그러나 사람과 관련된 who, whose와 whom은 예외로 'h' 소리가 그대로 난다.

drag에서 'dr~'의 발음은 '드'와 '주'의 중간쯤 되는 소리로 '쥬'에 가깝게 발음된다. 따라서 drag는 '드랙'이라기 보다 '쥬랙'에 가깝게 발음된다.

* 팝송에 들어 있는 쓸모 있는 영어 표현들

1. Don't hold yourself like that: hold는 '(손팔 등으로) 잡고[쥐고/들고/안고/받치고] 있다[가다/다니다], (보통 신체의 아픈 부위를) 쥐다, (손에) 들다, 갖고 있다, 붙들다, 잡다, 쥐다, 받치다. 대고 있다. 안다, 열다, 보유하다 등' 다양한 뜻으로 쓰인다. **hold oneself**는 '가만히[잠자코] 있다, 움직이지 않다'라는 뜻이다.

2. Don't build your world around: **build around**는 '…를[을] 중심으로 만들다'라는 뜻이다.

3. Volcanoes melt you down: **melt down**은 '(특히 물건을 만드는 데 쓰기 위해 금속왁스를) 녹이다'라는 뜻이다. 이 노래에서는 '녹이다'를 사람에게 적용하여 비유적으로 쓰고 있다.

4. What I am to you is not real: **what I am**은 '나는 무엇인가, 나는 누구인가, 나의 정체, 현재의 나의 모습'이란 뜻이다. 예문들은 다음과 같다.

It doesn't matter **what I am**.
(내가 누군인지는 중요하지 않다.)
I am indebted to him for what I am.
(내가 오늘 이만큼 된 것은 그의 덕택이다.)
You don't need to understand what I am.
(내가 어떤 사람인지는 당신이 이해할 필요가 없어요.)

이와 비슷한 뜻인 **who I am**은 '나는 누구인가, 나의 정체'라는 뜻이다. 예문들은 다음과 같다.

Do you know **who I am**?
(여러분은 제가 누구인지 알고 있나요?)
"Don't you know who I am?" she stormed.
("내가 누군지 몰라?" 그녀가 호통을 쳤다.)
I don't expect anyone will know who I am anyway.
(어쨌든 아무도 내 정체를 모르기를 바란다.)

what I am은 나의 현재의 모습과 관련이 있고, who I am은 나의 현재의 인성 또는 인격과 관련이 있다.

5. You gave me miles and miles of mountains: **miles and miles**는 '여러 마일, 수 마일'이란 뜻이다. 이것은 글자 그대로 거리 단위를 나타내는 '수 마일'이지만 산에 적용할 경우에는 '높고 높은'으로 해석할 수 있다. 예문들은 다음과 같다.

The road went on for **miles and miles**.

(그 도로는 수 마일에 걸쳐 계속되었다.)

He drives for miles and miles during the night.

(그는 야간에 장거리를 운전한다.)

For miles and miles there was nothing but sand.

(몇 마일을 가도 모래뿐이었다.)

6. Is just what I'm going through: **go through**는 1) '(특히 무엇을 찾기 위해) ~을[를] 살펴보다[조사하다], 뒤지다', 2) '(법률 · 계약 등이) 통과[성사]되다', 3) '(절차상 필요한, 특히 힘들거나 불쾌한) ~을[를] 거치다[하다]'와 4) '(일 · 어려움 등을) 겪다'라는 뜻이다. 이 노래에서는 4)의 뜻으로 쓰이고 있다.

1)의 예문들은 다음과 같다.

Let's **go through** the arguments again.

(그 주장들을 다시 검토해 봅시다.)

I'll keep watch while you go through his papers.

(자네가 그의 서류들을 뒤지는 동안 내가 망을 보겠어.)

I always start the day by going through my email.

(나는 언제나 이메일을 살펴보는 것으로 나의 하루를 시작한다.)

2)의 예문들은 다음과 같다.

The deal did not **go through**.

(그 거래는 성사되지 못했다.)

If the deal goes through, She will be the highest paid female singer in South Korea.

(그 계약이 성사된다면 그녀는 한국에서 가장 많은 돈을 받은 여성 가수가 될 것이다.)

If the proposed amendment goes through, school uniforms and hairstyle regulations will be abolished.

(제안된 개정안이 통과되면, 교복 및 두발 규정이 철폐된다.)

3)의 예문들은 다음과 같다.

Only the top four teams **go through**.

(가장 잘하는 네 팀만이 통과한다.)

She decided not to go through with the operation.

(그녀는 수술을 받지 않기로 했다.)

We're waiting for the building permit to go through.

(우리는 건설 허가가 통과하기만을 기다리고 있다.)

4)의 예문들은 다음과 같다.

We all **go through** different situations in life.

(우리는 모두 삶에서 다른 상황을 겪어요.)

Teenagers go through ups and downs almost every day.

(십대들은 거의 매일 감정의 변화를 겪는다.)

Men go through a change of life emotionally just like women.

(남자들도 여자들과 똑같이 정서적으로 삶의 변화를 겪는다.)

7. Is what makes me bleed: **make me bleed**에서 make 다음에 목적어(me)가 나오고 그 뒤에 to 부정사가 나와야 되는데 make가 강제성을 띄고 있는 경우 알몸동사(원형동사; bare infinitive)가 쓰여 to bleed가 아니라 bleed로 된다.

8. Lord, she's still too young to treat: **lord**는 1) '(영국에서 남자) 귀족, (영국에서 귀족을 칭하는) 경(卿)', 2) '하느님 맙소사[아이구 (하느님)]!(놀람 · 짜증 · 걱정스러움을 나타냄)'와 3) '주 하느님'이란 뜻이다. 3)의 경우에는 주로 lord의 l을 대문자로 표기한다. 이 노래에서는 2)의 뜻으로 쓰이고 있다.

1)의 예문들은 다음과 같다.

Lord Colville refers to another need.

(콜빌 경은 또 다른 필요성을 언급한다.)

Lord Haskins: That is a very good question.

(해스킨즈 경: 그거 참 좋은 질문이군요.)

He informed us that Lord Raglan had died the previous day.

(그는 우리에게 래글런 경(卿)이 전날 사망했다고 알려주었다.)

2)의 예문들은 다음과 같다.

Good **lord**! You startled me.

(아이구! 내가 놀랐잖아!)

Good Lord, what have you done to your hair!

(하느님 맙소사, 너 머리를 어떻게 한 거니!)

"Good lord, that's what he is: he's a policeman."

("하느님 맙소사, 그의 직업이 다름 아닌 경찰이군.")

3)의 예문들은 다음과 같다.

I know the **Lord** will look after him.

(하느님께서 그를 돌볼 것이라는 것을 나는 안다.)

We ask this through our Lord, Amen.

(우리 주 하느님께 비나이다, 아멘.)

She prayed now. "Lord, help me to find courage."

("하느님, 저에게 용기를 주세요."라고 그녀는 이제 기도했다.)

she's still too young to treat에서 **too young to treat**는 too ~ to …의 구문이다. 이것은 '…하기에는 너무 ~한'이란 뜻이다. 그런데 우리나라에서는 '너무도 ~해서 …할 수 없다'라고 이해하고 있다. 그런데 이런 해석은 한국식으로 바꾸어서 널리 쓰이게 될 것이긴 하지만 too ~ to … 구문을 모두 담아내지 못한다. 따라서 이 구문의 해석을 '…하기에는 너무 ~한'으로 보면 모든 구문을 제대로 담아낼 수 있다. 예문들은 다음과 같다.

It's **too** soon **to** say for sure.

(확실히 말하기는 너무 이릅니다.)

He is too proud to accept charity.

(그는 자선을 받아들이기에는 너무 자존심이 강하다.)

She's left it too late to apply for the job.

*그녀가 그 직장에 지원하는 것을 너무 늦게까지 미루었다.

기억할 만한 영어 문장

1. She's still too young to treat.

   (그녀는 아직 대하기엔 너무 어려.)

2. What I am to you is not real.

   (너에게 나의 존재는 현실이 아니야.)

3. I'll ask for what I give to you.

   (난 너에게 주는 걸 요구할 거야.)

* 팝송 에세이

마그마(magma)와 같은 지표면 아래 물질이 지표의 약한 곳을 통해 솟아나와 형성된 지형인 화산이 이 노래에서는 핵심 낱말이 되고 있다. 화산 폭발은 예측 가능한 경우도 있고, 예측 가능하지 않은 경우도 있다. 이 노래에는 화산들의 비유적인 의미를 끌어들이고 있다. 이 화산들은 너와 나 모두를 녹여버린다는 것이다. 차이가 있다면 화산들이 '나'는 한 번만 녹이고 '너'는 화산들이 여러 번 녹여버린다는 것이다. 그렇다면 이 노래에서는 화산에서 마그마는 무엇일까?

우리는 이 노래뿐만 아니라 일반적으로 사랑하는 관계를 그려볼 수 있다. 사랑하는 대상의 나이, 그로 인한 사랑의 수용과 사랑의 강도는 다를 것이다. 의식적이든 무의식적이든 사랑을 나누면서 이것저것 따져볼 수도 있고, 그냥 앞뒤 가리지 않고 사랑의 불길 속으로 뛰어들 수도 있다. 한 쪽은 생각이 많고 사랑 행위에 대해 이런저런 생각을 하고 있는 듯 하고 다른 쪽은 그녕 일직선으로 사랑에 뛰어든 듯이 보인다. 상대방의 요구를 들어줄 수 없는 상황, 그렇지만 상대방의 마음을 읽을 수 있을 때, 미묘한 상황이 펼쳐질 수 있는 것이다. 사랑은 결코 단순하지 않기 때문에 사랑 행위 과정에서도 다양한 모습이 연출될 수 있기 때문이다. 어느 정도의 사랑을 나누면서 상대방이 원하는 존재가 아니라고 판단될 때, 상대방이 필요로 하는 존재가 아니라고 생각될 때 그리고 상대방이 생각하고 있는 의미를 받아들일 수 없는 경우에는 혼란에 빠질 수밖에 없다. 서로 추구하는 방향이 다르지만 사랑 행위를 멈출 수 없을 때 안타까움은 더해갈 것이다. 이런 점이 '넌 나에게 높고 높은 산을 주는데 / 그리고 난 바다를 요구할 거야'라는 부분에 나타난 서로 상반된 요구에 더 잘 표현되고 있다고 볼 수 있다. 사랑하는 시간 속에 갇혀 있으면서 진행 상황을 알고 있으면서 그 상황에서 빠져 나오지 못하며 안타까워하는 마음을 어쩌면 이렇게 담담하게 표현할 수 있을까? 이 담담함은 어쩌면 또 다른 위선이 아닐까?

I Don't Want To Talk About It

Sung by Rod Stewart

I can tell by your eyes that you've probably been cryin' forever
And the stars in the sky don't mean nothin' to you, they're a mirror
I don't wanna talk about it, how you broke my heart
If I stay here just a little bit longer
If I stay here, won't you listen to my heart, whoa my heart?

If I stand all alone, will the shadow hide the color of my heart?
Blue for the tears, black for the night's fears.
The stars in the sky don't mean nothin' to you, they're a mirror.
I don't want to talk about it, how you broke my heart
If I stay here just a little bit longer
If I stay here, won't you listen to my heart, whoa my heart?

I don't wanna talk about it, how you broke my heart
If I stay here just a little bit longer
If I stay here, won't you listen to my heart, whoa my heart?
My heart, whoa my heart

난 그것에 관해 이야기하고 싶지 않아요

라드 스튜어트의 노래

나는 아마도 영원히 울고 있을 것만 같은 당신의 눈망울에 대해 말할 수 있어요
그리고 하늘에 있는 별들은 당신에게 아무런 의미가 없는 게 아니죠. 그것들은 거울이에요
당신이 얼마나 나의 마음을 아프게 했는지 난 거기에 대해 얘기 하고 싶진 않아요
내가 여기 단지 좀 더 오래 머문다면
내가 여기 머무른다면, 내 마음의 소리를 그러면 들어 줄래요. 우와 내 마음의 소리를?

내가 홀로 종일 서 있는다면, 그림자는 내 마음의 색깔을 가릴까요?
눈물 어린 푸른색의 마음, 밤의 두려움이 어린 검은색 마음들을
저 하늘에 있는 별들은 당신에게 아무런 의미가 없는 게 아니죠. 그것들은 거울이에요
당신이 얼마나 나의 마음을 아프게 했는지 난 거기에 대해 얘기 하고 싶진 않아요
내가 여기 단지 좀 더 오래 머문다면
내가 여기 머무른다면, 내 마음의 소리를 그러면 들어 줄래요. 우와 내 마음의 소리를?

당신이 얼마나 나의 마음을 아프게 했는지 난 거기에 대해 얘기 하고 싶진 않아요
내가 여기 단지 좀 더 오래 머문다면
내가 여기 머무른다면, 내 마음의 소리를 그러면 들어줄래요. 우와 내 마음의 소리를?
내 마음, 우와 내 마음

* 영어 발음 제대로 듣거나 말하기

1) 이어지는 소리(연음)의 경우

(1) 약모음 이동

they're a, talk about, just a

they're a에서 a는 약모음 [ə]가 되어 앞 낱말 끝부분에 가서 붙어 '데이러'에 가깝게 발음된다. just a도 마찬가지 경우이다. talk about에서 about의 a는 약모음 [ə] 가 되어 앞 낱말 끝부분에 가서 붙어 '토커 바웃'으로 발음된다..

(2) 자음 이동

stars in

stars in에서 stars의 자음 s가 뒤에 있는 낱말 앞부분에 가서 붙어 '스따진'으로 발음된다.

2) 없어지는 소리(탈락)의 경우

tell, And the, don't mean, don't wanna, wanna

tell에서 ll의 l은 같은 철자이기 때문에 앞의 l이 탈락되어 '텔'로 발음된다. wanna도 마찬가지 경우이다.

And the에서 And의 d는 the의 th[ð]와 발음이 비슷하기 때문에 d가 탈락되어 '앤 더'에 가깝게 발음된다.

don't mean에서 don't t는 자음 n과 mean의 자음 n 사이에 놓이기 때문에 탈락되어 '돈 민'으로 발음된다. 이와 같이 자음과 자음 사이에 놓이는 여섯 개의 파열음인 철자—k/g, p/b, t/d—가 탈락되는 예로 don't wanna도 마찬가지 경우이다.

3) 닮는 소리(동화)의 경우

(1) 구개음화

don't you, won't you

don't you에서 don't의 t[t]와 you의 y[j]가 합쳐지면 서로 닮아서 [tʃ]로 바뀌어 '돈츄'에 가깝게 발음된다. 따라서 이런 현상은 영국영어(British English)보다 미국영어(American English)에서 자주 나타나는 현상이다. won't you도 마찬가지 경우이다.

(2) 단타음화

about it, little

about it에서 about의 t가 강모음과 약모음 사이에 놓이면 단타음(單打音)으로 되어 t도, d도, r도 아닌 발음이 된다. about it은 '어바우릿'에 가깝게 발음된다. 이 소리는 한글로 표기할 수 없으며 오직 소리로만 익힐 수밖에 없다. 특히 미국영어(American English)에서 두드러진 현상이다. little도 마찬가지 경우이다.

4) 줄어진 소리(축약)의 경우

you've, cryin', don't, nothin', they're, won't, night's

have 동사의 경우인 you've, 부정형인 don't, won't, be 동사의 경우인 they're와 night's가 있다.

cryin'은 crying의 줄어진 형태이다.

nothin'은 nothing의 줄어진 형태이다.

5) 주의해야 할 발음

can, stars, sky, stay, whoa

can은 can't와 마찬가지로 도우미동사로 기능낱말이기 때문에 약하게 발음한다. 그런데 can't 다음에 자음이 나오기 때문에 탈락되는 경우가 대부분이어서

can은 [kən]으로 can't는 [kæn]으로 발음하기로 약속이 되어 있다. 그런데 can이 문장 가운데 들어가는 경우가 [kən]으로 주로 발음되고 문장의 끝에 들어가는 경우에는 [kæn]으로 발음되는 경우가 대부분이다. can't는 기본적으로 [kæn]으로 발음되면서 can 보다 약간 길게 발음되는 경향이 있다.

stars, **sk**y와 **st**ay에서 s+k/p/t가 되면 된소리에 가깝게 소리가 난다. 대부분 k/p/t가 들어간 낱말은 h가 들어가는 소리를 내게 되는데, s+k/p/t의 경우는 h 소리가 들어가지 않고 된소리에 가깝게 발음된다. 그러니까 stars는 '스따즈'에 가깝게, sky는 '스까이'에 가깝게 stay는 '스떼이'에 가깝게 발음된다.

whoa에서 wh~로 시작되는 낱말은 'w' 뒤에 있는 'h'의 소리가 보통 들리지 않는다. 그러니까 whoa는 '호우'라기 보다 '오우'에 가깝게 발음된다. 그러나 사람과 관련된 who, whose와 whom은 예외로 'h' 소리가 그대로 난다.

6) 기타

wanna

wanna는 허물없이 발음하는 경우의 예이다. wanna는 want to인데 입말체에서 '완터투'로 발음하지 않고 '와너'로 발음하고, want to로 표기가 되어 있더라고 말을 할 때는 wanna로 발음하는 경우가 대부분이다. want to에서 wanna로 바뀌는 과정은 '팝송 영어 소리를 제대로 듣는 요령'에 나와 있는 설명을 참고하기 바란다.

* 팝송에 들어 있는 쓸모 있는 영어 표현들

1. And the stars in the sky don't mean nothin' to you, they're a mirror: **mean nothing to sb**는 글자 그대로는 '누군가에게 아무런 의미가 없다'라는 뜻으로 많이 옮겨지기도 하지만, 달리 표현하면 '누군가에게 중요하지 않다, 누군가가 사랑하는 사람이 될 수 없다'라는 뜻이다.

2. I don't wanna talk about it, how you broke my heart: **break one's heart**는 '비탄에 젖게[잠기게] 하다, 비탄에 잠기다, (실연 따위로) 몹시 실망시키다[하다], 비탄에 잠기게 하다[잠기다], ~의 마음을 아프게 하다)(=to make sb extremely sad)라는 뜻이다. 예문들은 다음과 같다.

It **breaks my heart** to see you like this.
(너의 이런 모습을 보니 내 가슴이 찢어지는 것 같다.)
It really breaks my heart to see them this way.
(그들을 이런 식으로 보니 내 마음이 정말 찢어질 듯이 아프다.)
She was a very sweet girl, but the world broke her heart.
(그녀는 매우 상냥한 소녀였어, 하지만 세상은 그녀의 마음을 아프게 했어.)

3. If I stand all alone, will the shadow hide the color of my heart?: **all alone**은 '홀로, 혼자서, 단 혼자서, 남의 도움없이'라는 뜻이다. 예문들은 다음과 같다.

Carol felt **all alone** in the world.
(캐롤은 세상에 저 혼자뿐인 것처럼 외로웠다.)
She was sitting all alone in the hall.
(그녀는 홀에 아무도 없이 혼자 앉아 있었다.)
It upsets me to think of her all alone in that big house.
(그녀가 그 큰 집에 아무도 없이 혼자 있다는 생각을 하면 내 마음이 안 좋다.)

4. Blue for the tears, black for the night's fears: 여기서 그림자가 가릴 수 있는 대상을 눈물과 밤의 두려움으로 보고 그기에 나름대로의 색깔인 푸른색과 검은색을 부여하고 있다고 볼 수 있다. 푸른색과 검은색은 둘 다 긍정적인 의미의 색깔이 아닌 부정적인 의미의 색깔이라고 볼 수 있다. 그림자가 눈물과 밤의 두려움을 가리게 된다면 눈물을 흘리지 않아도 밤의 두려움에 떨지 않아도 된다는 의미일 것이다.

5. I don't wanna talk about it, how you broke my heart: **talk about**는 '…에 대해 이야기하다'라는 뜻이다. 예문들은 다음과 같다.

Please don't **talk about** it in front of the children.

(아이들 앞에서는 제발 그 얘기를 하지 말아요.)

It is premature to talk about success at this stage.

(이 단계에서 성공을 말하는 것은 시기상조이다.)

She choked up when she began to talk about her mother.

(그녀는 어머니에 대한 이야기를 시작하려 하니 목이 메어 왔다.)

기억할 만한 영어 문장

1. If I stay here, won't you listen to my heart?

   (내가 여기 머무른다면, 내 마음의 소리를 그러면 들어 줄래요.)

2. I don't wanna talk about it, how you broke my heart.

   (당신이 얼마나 나의 마음을 아프게 했는지 난 거기에 대해 얘기 하고 싶진 않아요.)

3. The stars in the sky don't mean nothing to you, they're a mirror.

   (저 하늘에 있는 별들은 당신에게 아무런 의미가 없는 게 아니죠. 그것들은 거울이에요.)

* 팝송 에세이

마음의 병을 앓고 있는 사람은 어떤 마음을 갖게 될까? 자기 자신에게 마음의 상처를 남긴 사람에 대해 어떻게 대처해야 될까? 아픈 마음을 달래기 위한 방법에는 사람마다 여러 가지가 있을 것이다. 일종의 신체 폭력이나 언어폭력을 사용하여 일시적으로 보상을 받으려고 즉흥적인 행동을 할 수도 있을 것이다. 하지만 이런 방법은 전혀 해결 방법이 되지 않는데도 간혹 사람들은 이런 방법을 쓰고 있다. 다른 한편으로 완곡하게 대처하는 방법으로 자기의 아픈 마음의 원인이 무엇인지 또는 아픈 심정이 어떤지를 알아주길 바라는 경우도 있다고 볼 수 있다. 이 노래의 주인공은 후자를 택하고 있다.

'당신이 얼마나 나의 마음을 아프게 했는지 난 거기에 대해 얘기 하고 싶지 않아요'라는 것은 마음을 아프게 한 당사자에게 바로 보는 앞에서 욕을 하거나 책망하는 것 보다 더 가슴아플 정도로 강렬할지 모른다. 달리 생각해보면 상대방을 진정으로 사랑했던 사람에게 마음 깊은 곳에서 우러나오는 원망이 아닌 타이름과 같은 그 무엇일 수 있다. 상대방이 알아주기를 바라는 마음, 직접적인 재촉이 아닌 마음의 상처를 받은 이유를 차근차근 생각해 보고 알아보기를 바라는 마음은 진심으로 사랑해 본 사람만이 상대방에게 줄 수 있는 최고의 배려라고 할 수 있다.

어쩌면 헤어지기 전까지 사랑했던 사람에 대한 비난을 이어가는 것이 아니라 '하늘에 있는 별들은 당신에게 아무런 의미가 없는 게 아니죠 그것들은 거울이에요'라는 데서 알 수 있듯이 이렇게 에둘러 표현하고 있는 점은 소중한 상대를 위해 여전히 사랑의 감정을 갖고 있음을 보여준다. 사랑하는 사람들끼리 헤어진다 할지라도 사랑했던 감정과 그 시간들은 소중하게 마음속 깊이 간직되어야 할 것이다. 사랑을 나눌 때의 열정과 모습과 행위는 그 당시에는 그 자체로 온전한 의미를 갖고 있었기 때문이다.

You Were Always On My Mind

Sung by Lucie Silvas

Maybe I didn't love you
Quite as often as I could have
Maybe I didn't treat you
Quite as good as I should have

If I made you feel second best
I'm so sorry I was blind
You were always on my mind
You were always on my mind

Maybe I didn't hold you
All those lonely, lonely times
Maybe I didn't tell you
I'm so happy that you're mine

Other things that I should have said and done
I just never took the time
You were always on my mind
You were always on my mind

Tell me, tell me that your sweet love hasn't died
Oh give, give me, give me one more chance to keep you satisfied
I'll keep you satisfied

Other things that I should have said and done
I just never took the time
Oh, you were always on my mind
You were always on my mind
Oh, you were always on my mind
You were always on my mind

Oh, always on my mind, you were always always on my mind
You were always always on my mind
You were always always on my mind

내 마음 속엔 언제나 당신이 있었어요

루시 실버스의 노래

아마도 난 당신을 사랑하지 않았는지도 몰라요
내가 할 수 있는 한 자주 사랑할 수도 있었는데
아마도 난 당신을 대해주지 않았는지도 몰라요
내가 할 수 있는 한 잘 대했어야 했는데

내가 당신을 뒷전으로 느끼게 만들었다면
정말 미안해요 내가 몰랐어요
내 마음 속엔 언제나 당신이 있었어요
내 마음 속엔 언제나 당신이 있었어요

아마도 난 당신을 안아주지 않았을지도 몰라요
그 모든 외롭고 외로웠을 때
아마도 난 당신에게 말하지 않았을지도 몰라요
당신이 내 사랑이어서 난 너무 행복한데

내가 다른 것들까지 말해주고 해줬어야 했는데
난 결코 그런 적이 없었어요
내 마음 속엔 언제나 당신을 생각했어요
내 마음 속엔 언제나 당신을 생각했어요

내게 말해줘요, 당신의 달콤한 사랑이 사라지지 않았다고 내게 말해줘요
오 줘요, 내게 줘요 한번만 더 당신이 계속 만족될 수 있도록 하는 기회를 내게 줘요
난 당신을 계속 만족시킬 거예요

내가 다른 것들까지 말해주고 해줬어야 했는데
날 결코 그런 적이 없었어요
오 내 마음 속엔 언제나 당신이 있었어요
내 마음 속엔 언제나 당신이 있었어요
오, 내 마음 속엔 언제나 당신이 있었어요
내 마음 속엔 언제나 당신이 있었어요
오, 언제나 내 마음 속에, 내 마음 속엔 언제나 당신이 있었어요
내 마음 속엔 언제나 당신이 있었어요
내 마음 속엔 언제나 당신이 있었어요

* 영어 발음 제대로 듣거나 말하기

1) 이어지는 소리(연음)의 경우

(1) 자음 이동

love you

love you에서 love의 e는 낱말 끝에 있기 때문에 약화되고 그 앞에 있는 v가 뒤에 있는 낱말 앞부분에 가서 붙어 '러뷰'로 발음된다.

2) 없어지는 소리(탈락)의 경우

didn't love, didn't treat, second best, didn't hold, All, didn't tell, tell, and done, just never, hasn't died

didn't love에서 didn't의 t는 자음 n과 love의 자음 l 사이에 놓이기 때문에 탈락되어 '디든 러브'로 발음된다. 이와 같이 자음과 자음 사이에 놓이는 여섯 개의 파열음인 철자—k/g, p/b, t/d—가 탈락되는 예로 second best, didn't hold, just never와 hasn't died가 해당된다.

didn't treat에서 didn't의 t와 treat의 t가 같은 철자이기 때문에 앞의 t가 탈락되어 '디든 츄릿'에 가깝게 발음된다. All, didn't tell, tell과 and done도 마찬가지 경우이다.

3) 닮는 소리(동화)의 경우

(1) 단타음화

satisfied

satisfied에서 t가 강모음과 약모음 사이에 놓이면 단타음(單打音)으로 되어 t도, d도, r도 아닌 발음이 된다. satisfied는 '새리스화이드'에 가깝게 발음된다. 이 소리는 한글로 표기할 수 없으며 오직 소리로만 익힐 수밖에 없다. 특히 미국영어 (American English)에서 두드러진 현상이다.

(2) 구개음화

treat you, made you, hold you, that you're, that your

treat you에서 treat의 t[t]와 you의 y[j]가 합쳐지면 서로 닮아서 [tʃ]로 바뀌어 '츠리츄'에 가깝게 발음된다. 따라서 이런 현상은 영국영어(British English)보다 미국영어(American English)에서 자주 나타나는 현상이다. that you're와 that your도 마찬가지 경우이다.

made you에서 made의 d[d]와 y[j]가 합쳐지면 서로 닮아서 [ʤ]로 바뀌어 '메이쥬'에 가깝게 발음된다. 발음된다. 이런 현상은 영국영어(British English)보다 미국영어(American English)에서 자주 나타나는 현상이다. hold you도 마찬가지 경우이다.

(3) 역행동화

give me에서 give의 끝에 있는 e는 약화되어 그 앞에 있는 v가 me의 m을 닮아서 m으로 바뀌어 '기브 미'가 아닌 '기미'로 된다. 그러니까 v가 뒤에 있는 음인 m의 영향을 받아 거꾸로 바뀌게 되는 현상이다. 가끔 gimme로 표기되기도 한다.

4) 줄어진 소리(축약)의 경우

didn't, I'm, you're, I'll

부정형인 didn't, be 동사의 경우인 I'm, you're, 도우미동사(조동사)의 경우인 I'll이 있다. 이 가운데 I'll에서 'll이 한국인이 발음하기에 가장 힘든 예이다. 그 이유는 'll은 will의 줄인 형태인데 'll'이 한국어에 없는 발음으로, 'l'은 혀를 입천장에 붙여서 소리를 내야 하는데, 한국어에는 이렇게 소리를 내는 것이 없기 때문이다.

5) 주의해야 할 발음

as often **as**, **could have**, t**r**eat, **should have**, **should have said**

as often **as**에서 as ~ as의 경우 앞의 as는 [əz]로 뒤의 as는 [æz]로 발음되는 것이 일반적이다. 이 밑에 있는 **as** good **as**의 경우에도 마찬가지로 적용될 수 있다.

could have, **should have**와 **should have said**는 도우미동사 과거+have 또는 도우미동사 과거+have+과거분사의 형태이다. 여기서 도우미동사 과거+have의 경우에는 have 동사 다음에 과거분사가 생략되었다고 보면 된다. 도우미동사+have 또는 도우미 동사+have+과거분사의 형태로 되어 있는 경우에는 두 개 또는 세 개의 낱말이 한 박자를 받아야 하기 때문에 주어진 시간 안에 발음하려면 일부를 줄이거나 또는 약하게 발음할 수밖에 없다. 이 두 개 또는 세 개의 낱말 가운데 have가 've로 하거나 have로 되어 있다 할지라도 발음을 약하게 해야 된다. could have는 '쿠더브' 또는 '쿠러브'에 가깝게, should have는 '슈더브' 또는 '슈러브'에 가깝게, should have said는 '슈더브 세드' 또는 '슈러브 세드'에 가깝게 발음된다.

* 팝송에 들어 있는 쓸모 있는 영어 표현들

1. Quite as often as I could have: 여기서 **could have**는 could have loved를 줄였다고 볼 수 있다. could have loved는 도우미동사의 과거+have+과거분사의 꼴로 과거의 어떤 행위에 대한 후회나 유감을 나타내는 표현이다. 이 밑에 있는 Quite as good as I should have도 마찬가지인 경우이다. 이 경우에는 should have는 should have treated를 줄였다고 볼 수 있다.

2. If I made you feel second best: **made you feel**에서 make 다음에 목적어(you)가 나오고 그 뒤에 to 부정사가 나와야 되는데 make가 강제성을 띠고 있는 경우 알몸동사(원형동사; bare infinitive)가 쓰여 to feel이 아니라 feel로 된다.

3. I'm sorry I was blind: **blind**는 1) '눈이 먼, 맹인인'과 2) '…을[를] 못 보는(눈치 채지/깨닫지 못하는)'이란 뜻으로 쓰인다. 이 노래에서는 2)의 뜻으로 쓰이고 있다.

1)의 예문들은 다음과 같다.

Doctors think he will go **blind**.

(의사들은 그가 눈이 멀게 될 것이라고 생각한다.)

However, he is slowly going blind.

(하지만 그는 점점 눈이 멀어가게 된다.)

People who are born blind do not see any images.

(장님으로 태어난 사람들은 이미지를 보지는 못합니다.)

2)의 예문들은 다음과 같다.

He has **blind** faith in doctors' ability to find a cure.

(그는 의사들의 치유 능력을 맹목적으로 믿는다.)

George turned a blind eye to his partner's infidelities.

(조지는 배우자의 부정을 모르는 체했다.)

I must have been blind not to realize the danger we were in.

(우리가 처한 위험을 깨닫지 못했다니 내가 눈이 멀었던 모양이다.)

그리고 blind에 정관사 the가 붙어 **the blind**가 되면 복수보통명사가 되어 '맹인들, 시각 장애인들'이란 뜻으로 된다. 예문들은 다음과 같다.

He was a teacher of **the blind**.

(그 사람은 시각 장애인들의 스승이었다.)

Helen Keller spent her life helping the blind.

(헤런 케러는 한평생 맹인들을 돌보면서 지냈다.)

For example, some dogs are trained to help guide the blind.

(예를 들면, 일부 개들은 맹인들을 지키도록 훈련 받았습니다.)

4. You were always on my mind: **be on one's mind**는 on one's mind는 '마음에 걸려, 신경이 쓰여, 머릿속에 박혀, …으로 머리가 가득하여, 우선 마음에 걸리는 일이 있어'라는 뜻으로 쓰인다. 예문들은 다음과 같다.

What's **on your mind**?

(무슨 생각 중이야?)

You've been on my mind all day.

(하루 종일 네가 마음에 걸렸어.)

The ugly scene in the study was still etched on her mind.

(그 그림의 흉측한 관경은 아직도 그녀의 마음속에 깊이 새겨져 있다.)

5. I just never took the time: **take the time**은 '시간을 내다'라는 뜻이다. 예문들은 다음과 같다.

Please **take the time** to help me.

(시간을 내서 좀 도와 주십시요.)

Please take the time to review the brochure.

(시간을 내어 책자 내용을 검토해주셨으면 합니다.)

They take the time to help neighbors and strangers.

(그 사람들은 시간을 내서 이웃과 낯선 사람들을 돕는다.)

6. Oh give, give me, give me one more chance to keep you satisfied: **keep you satisfied**는 keep+목적어+목적보어의 꼴이다. 이 경우 목적보어로 과거분사가 쓰이고 있는데, 과거분사는 수동의 의미를 나타낸다. 예문들을 다음과 같다.

Keep it covered until you need to use it.

(사용할 필요가 있을 때까지 덮어두세요.)

She kept the children amused for hours.

(그녀는 몇 시간 동안 계속 아이들을 즐겁게 해 주었다.)

Hold the camera steady and keep it focused.

(흔들리지 않게 카메라를 잡으시고 초점을 맞춘 채로 계세요.)

그런데 목적보어가 현재분사가 되면 능동의 의미를 나타낸다. 예문들은 다음과 같다.

I'm sorry to **keep you waiting**.

(저가 당신을 기다리게 해서 정말 미안해요.)

Don't keep me waiting for too long.

(날 너무 오래 기다리게 하지 말아요.)

Did I keep you waiting for a long time?

(내가 당신을 오래 기다리게 했나요?)

기억할 만한 영어 문장

1. You were always on my mind.
   (내 마음 속엔 언제나 당신이 있었어요.)
2. Tell me that your sweet love hasn't died.
   (당신의 달콤한 사랑이 사라지지 않았다고 내게 말해줘요.)
3. Give me one more chance to keep you satisfied.
   (한번만 더 당신이 계속 만족될 수 있도록 하는 기회를 내게 줘요.)

* 팝송 에세이

사랑은 마음만으로 가능할까? 가능은 하겠지만 사랑은 인간의 삶에 있어서 표현 예술의 극치를 이룰지도 모른다. 그래서 인간은 사랑을 갈구하고 사랑으로 몸부림치고 사랑 싸움에 온 몸을 바치는 것이 아닐까? 사랑이 없는 삶(life without love)은 죽음과 같은 삶(death in life)이라고 할 수 있다. 사랑이 없이 이루어지는 삶은 살아 있지만 삶의 가치를 제대로 느끼지 못하고 본질적인 면에서 온전한 삶의 의미가 큰 폭으로 줄어들 것이다. 수많은 노래가 사랑을 노래하고 수많은 문학 작품들이 사랑을 주제로 삼고 있음은 그 자체가 인간의 삶에 있어서의 사랑의 중요성을 내비치는 증거가 되고 있다.

마음에 간직하고 있는 사랑만으로 사랑은 이루어지는 것이 아니다. 사랑은 표현되어야 한다. 가벼운 동작으로나 큰 동작으로나 사랑은 신체의 움직임을 통해 사랑을 표시하고 사랑을 확인해야 한다. 경우에 따라서 알면서도 표현이 잘 되지 않는 경우는 있겠지만, 끊임없이 사랑을 표현하려는 연습이 뒤따라야 차츰 사랑 표현 방식이 다듬어질 것이다. '내 마음 속엔 언제나 당신이 있었어요'는 이 노래의 제목이면서 동시에 반복되는 주제라고 할 수 있다. 그렇지만 마음에 간직하는 것만으로 사랑은 확인되지 않는다. 사랑이 이루어질 때 잘 대해주었어야 하고, 상대방을 공주처럼 여기지 않더라도 온전한 인격체로 여겼어야 하고, 자신이 외로울 때 외롭다고 툭 터놓고 이야기함으로써 상대방의 위로나 위안도 받아야 하고, 너무 진지한 얘기만이 아닌 이런저런 다른 일상적인 이야기들을 서로 나누면서 시간을 보냈어야 한다. 사랑은 일상에서 시작되지만 일상으로만 끝나지 않는 고차원적인 삶의 방식이자 삶의 활력소이자 삶의 의미의 결정체이다. 하지만 기회는 있을 것이다. '당신의 달콤한 사랑이 사라지지 않았다고 내게 말해줘요'라면서, 또한 '한번만 더 당신이 계속 만족될 수 있도록 하는 기회를 내게 줘요'라고 부탁함으로써 이제 다시 만나게 되면 미처 실현되지 못한 사랑의 표현 방식이 나타날 수 있기 때문이다. 이제 마음만이 아닌 행동으로, 생각만이 아닌 실천으로 보여줄 수 있는 인식에 도달했기에.

★ 덧붙이는 글 ★

이 노래는 Lucie Silvas와 Willie Nelson을 비롯한 많은 가수들이 불렀다. 이 노래 가사는 Lucie Silvas의 노래 중심으로 정리된 가사이다. 가령 셋째 연의 Maybe I didn't tell you를 And I guess I never told you로 부르기도 한다. 그리고 넷째 연의 Other things that I should have said and done을 Little things that should have said and done으로 부르기도 한다. 여섯째 연의 가사도 약간 변경하여 일부 가사를 덧붙여 부르기도 하고 기본 가사만 갖고 부르기도 한다.

Tonight I Celebrate My Love

Sung by Roberta Flack & Peabo Bryson

Tonight I celebrate my love for you
It seems the natural thing to do
Tonight no one's gonna find us
We'll leave the world behind us
When I make love to you

Tonight I celebrate my love for you
And hope that deep inside you feel it too
Tonight our spirits will be climbing
To the sky lit up with diamonds
When I make love to you tonight

Tonight I celebrate my love for you
And that midnight song is gonna come shining through
Tonight there'll be no distance between us
What I want most to do
Is to get close to you tonight

Tonight I celebrate my love for you
And soon this old world will seem brand new
Tonight we will both discover
How friends turn into lovers
When I make love to you

Tonight I celebrate my love for you
And that midnight song is gonna come shining through
Tonight there'll be no distance between us
What I want most to do
Is to get close to you

Tonight I celebrate my love for you
Tonight

오늘 밤 난 나의 사랑을 축하해요

로버터 후랙과 피버 바라이선의 노래

오늘 밤 난 당신을 위한 나의 사랑을 축하해요
그러는 것은 참으로 당연한 일인 것처럼 보여요
오늘 밤에는 아무도 우리를 찾을 수 없을 거예요
우리는 이 세계를 벗어나 있을 거예요
당신과 사랑을 나눌 때

오늘 밤 난 당신을 위한 나의 사랑을 축하해요
그리고 당신의 마음 깊은 곳에서도 또한 그것을 느끼길 바라겠어요
오늘 밤 우리의 영혼은 오르게 될 거예요
다이아몬드들로 비쳐지는 하늘까지
오늘 밤 내가 당신에게 사랑을 나눌 때

오늘 밤 난 당신을 위한 나의 사랑을 축하해요
그리고 그 심야의 노래가 빛을 발하면서 다가 올 거예요
오늘 밤에는 우리 사이에 거리도 없어지겠지요
내가 가장 하고 싶은 것은
오늘 밤 당신에게 가까워지는 것이에요

오늘 밤 난 당신을 위한 나의 사랑을 축하해요
그리고 이제 곧 이 낡은 세계는 새롭게 빛날 것 같아요
오늘 밤 우리 둘은 발견하게 될 거예요
친구 사이가 연인 사이로 어떻게 변하게 되는 지를
내가 당신에게 사랑을 나눌 때

오늘 밤 난 당신을 위한 나의 사랑을 축하해요
그리고 그 심야의 노래가 빛을 발하면서 다가올 거예요
오늘 밤에는 우리 사이에 거리도 없어지겠지요
내가 가장 하고 싶은 것은
오늘 밤 당신에게 가까워지는 것이에요

오늘 밤 난 당신을 위한 나의 사랑을 축하해요
오늘 밤

* 영어 발음 제대로 듣거나 말하기

1) 이어지는 소리(연음)의 경우

(1) 자음 이동

fin**d us**, behin**d us**, Whe**n I**, dee**p i**nside, fee**l i**t, betwee**n us**, tur**n i**nto

fin**d us**에서 find의 자음 d가 뒤에 있는 낱말 앞부분에 가서 붙어 '화인더스'에 가깝게 발음된다. behin**d us**와 betwee**n us**도 마찬가지 경우이다. Whe**n I**에서 When의 자음 n이 뒤에 있는 낱말 앞부분에 가서 붙어 '웨나이'로 발음된다. dee**p i**nside에서 deep의 자음 p가 뒤에 있는 낱말 앞부분에 가서 붙어 '디핀사이드'로 발음된다. fee**l i**t에서 feel의 자음 l이 뒤에 있는 낱말 앞부분에 가서 붙어 '휘릿'에 가깝게 발 음된다. tur**n i**nto에서 turn의 자음 n이 뒤에 있는 낱말 앞부분에 가서 붙어 '터닌터'로 발음된다.

2) 없어지는 소리(탈락)의 경우

go**n**na, worl**d** behind, An**d** hope, wi**th** diamonds, diamon**d**s, An**d** that, midnigh**t** song, wan**t** most, mos**t** to, An**d** soon, ol**d** world, bran**d** new, frien**d**s

go**n**na에서 nn은 n과 n이 같은 철자이기 때문에 앞의 n이 탈락되어 '가너'로 발음된다. mos**t** to도 마찬가지 경우이다.

worl**d** behind에서 world의 d는 자음 l과 behind의 자음 b 사이에 놓이기 때문에 탈락되어 '월브하인드' 또는 '월비하인드'로 발음된다. 이와 같이 자음과 자음 사이에 놓이는 여섯 개의 파열음인 철자—k/g, p/b, t/d—가 탈락되는 예로 An**d** hope, diamon**d**s, midnigh**t** song, wan**t** most, An**d** soon, ol**d** world, bran**d** new와 frien**d**s가 해당된다.

wi**th** diamonds에서 with의 th[ð]가 diamonds의 d와 비슷한 발음이기 때문에 앞에 있는 th가 탈락되어 '위다이어먼즈'로 발음된다.

And that에서 And의 d가 that의 th[ð]와 비슷한 발음이기 때문에 앞에 있는 d가 탈락되어 '앤댓'으로 발음된다.

3) 닮는 소리(동화)의 경우

(1) 단타음화

lit up, What I

lit up에서 t가 강모음과 약모음 사이에 놓이면 단타음(單打音)으로 되어 t도, d도, r도 아닌 발음이 된다. lit up은 '리럽'에 가깝게 발음된다. 이 소리는 한글로 표기할 수 없으며 오직 소리로만 익힐 수밖에 없다. 특히 미국영어(American English)에서 두드러진 현상이다. What I도 마찬가지 경우이다.

4) 줄어진 소리(축약)의 경우

one's, We'll, there'll

be 동사의 경우인 one's, 도우미동사(조동사)의 경우인 We'll과 there'll이 있다.

이 가운데 We'll과 there'll에서 'll이 한국인이 발음하기에 가장 힘든 예이다. 그 이유는 'll은 will을 줄인 형태인데 'll'이 한국어에 없는 발음으로, 'l'은 혀를 입천장에 붙여서 소리를 내야 하는데, 한국어에는 이렇게 소리를 내는 것이 없기 때문이다.

5) 주의해야 할 발음

When, sky, What

When과 What에서 wh~로 시작되는 낱말은 'w' 뒤에 있는 'h'의 소리가 보통 들리지 않는다. 그러니까 When은 '휀'이라기 보다 '웬'에 가깝게, What은 '홧'이라기 보다 '왓'에 가깝게 발음된다. 그러나 사람과 관련된 who, whose와 whom은 예외로 'h' 소리가 그대로 난다.

sky에서 s+k/p/t가 되면 된소리에 가깝게 소리가 난다. 대부분 k/p/t가 들어간 낱말은 h가 들어가는 소리를 내게 되는데, s+k/p/t의 경우는 h 소리가 들어가지 않고 된소리에 가깝게 발음된다. 그러니까 sky는 '스까이'에 가깝게 발음된다.

6) 기타

gonna

gonna는 허물없이 발음하는 경우의 예이다. gonna는 going to인데 입말체에서 '고잉투'로 발음하지 않고 '가너' 또는 '고너'로 발음하고, going to로 표기가 되어 있더라고 말을 할 때는 gonna로 발음하는 경우가 많다. going to에서 gonna로 바뀌는 과정은 '팝송영어 소리를 제대로 듣는 요령'에 나와 있는 설명을 참고하기 바란다.

* 팝송에 들어 있는 쓸모 있는 영어 표현들

1. We'll leave the world behind us: 이 글을 글자 그대로 옮기면 '우리 뒤에 그 세계를 남겨둘 것이다'인데, 이런 경우 앞 뒤 맥락을 보고 판단해야 된다. 연인끼리 사랑을 나누게 될 때 다른 사람들이 연인들을 찾을 수 없게 되고, 둘 만의 세계를 갖게 되기 때문에 일반적으로 이야기하는 세상과는 완전히 다른 둘 만의 세계를 갖게 되기 때문에 '우리는 이 세계를 벗어나 있을 거예요'라고 이해할 수 있다.

2. When I make love to you: **make love**는 글자 그대로 '사상을 만들다'라는 것은 '섹스[성관계]를 하다, (…와) 성교하다'(=have intercourse)라는 뜻이다. 그래서 완곡하게 '사랑을 하다' 또는 '사랑을 나누다'로 옮길 수 있을 것이다. 예문들은 다음과 같다.

It was the first time they had **made love**.

(그때가 그들이 성관계를 처음 한 때였다.)

The couple made love for the first time on honeymoon.

(그 커플은 신혼여행에서 처음으로 사랑을 나눴다.)

That was the first night we slept together and didn't make love.

(사랑을 나누지 않고 같이 잔 첫번째 밤이었다.)

3. And hope that deep inside you feel it too: **deep inside**는 '마음속 깊이, 마음속으로는[내심은], 본심은, 사실은'(=at heart, deep down, really)이란 뜻이다. 예문들은 다음과 같다.

We can only feel it **deep inside** our heart.

(우리는 그저 가슴 깊은 곳을 통해 느끼게 되는 거예요.)

He knew deep inside he had a passion for writing.

(그는 그의 마음 깊은 속에 집필에 대한 열정이 있다는 것을 깨달았다.)

Like many women, deep inside she was unsure of herself.

(많은 여성들이 그런 것처럼, 그녀도 마음속으로는 자신에 대한 확신이 없었다.)

4. To the sky lit up with diamonds: lit는 light의 과거와 과거분사 형태이다. **light up with**는 '…으로 빛나다'라는 뜻이다. 예문들은 다음과 같다.

The night sky was **lit up with** fireworks.

(밤하늘이 불꽃놀이로 환해졌다.)

The western skies are lit up with the glow of the setting sun.

(서쪽 하늘에 노을이 붉게 타오르고 있다.)

She was relieved to see his face light up with a boyish grin.

(그의 얼굴이 소년 같이 천진한 미소로 밝아지는 것을 보고 그녀는 안도했다.)

5. And that midnight song is gonna come shining through: **shine through**는 '빛나다[빛을 발하다]'라는 뜻이다. 예문들은 다음과 같다.

Her old professional skills **shone through**.

(그녀의 연륜 있는 전문가적 솜씨가 빛을 발했다.)

The sun was shining through the windows.

(창밖으로 햇살이 빛나고 있었다.)

The clouds thinned and the moon shone through.

(구름이 엷어지더니 그 사이로 달빛이 비쳤다.)

6. What I want most to do: **most**는 최상급이기 때문에 일반적으로 the most로 쓰이는데, 부사의 최상급일 경우에는 the를 생략할 수 있다. 예문들은 다음과 같다.

Painting is **best** done in daylight.
(그림은 햇빛이 비치는 낮에[그릴 때] 가장 잘 나온다.)
It is most likely that he will be back.
(십중팔구 그는 돌아올 것이다.)
She is best known for her work on the human brain.
(그녀는 인간의 두뇌에 대한 연구로 가장 잘 알려져 있다.)

7. Is to get close to you tonight: **get close**는 '다가가다, 가까이 가다'(=approach, go near, come up (to))라는 뜻이다. 예문들은 다음과 같다.

I couldn't **get close** enough to see.
(나는 볼 수 있을 정도로 가까이 가지 못했다.)
Children craned to get close to him.
(아이들이 그에게 가까이 가려고 목을 쑥 내밀었다.)
It's important to get close with books from an early age.
(어린 나이부터 책과 가까워지는 것이 중요하다.)

8. And soon his old world will seem brand new: **brand new**는 '완전 새 것인, 아주 새로운, 신품의, 금방 들여온'이란 뜻이다. 예문들은 다음과 같다.

She bought her car **brand new**.
(그녀는 자동차를 완전히 새 차로 샀다.)
That is a brand new television, not secondhand.
(저것은 중고가 아니라 새 텔레비전이다.)
His gaberdine trousers were brand new and stiff.
(그의 개버딘 바지는 갓 산 새 것이었고 뻣뻣했다.)

9. How friends turn into lovers: **turn into**는 1) '(~에서) ~이 되다[~으로 변하다]'와 2) '~을[를](~에서) ~이 되게 하다[~으로 바꿔 놓다]'라는 뜻이다. 이 노래에서는 1)의

뜻으로 쓰이고 있다.

1)의 예문들은 다음과 같다.

Our dream holiday **turned into** a nightmare.

(우리가 꿈꾸던 휴가가 악몽으로 변했다.)

The fighting is threatening to turn into full-scale war.

(그 싸움이 전면전으로 비화할 조짐을 보이고 있다.)

It could well turn into some kind of a media circus.

(그것이 일종의 대중 매체용 잔치로 변질될 수도 있다.)

2)의 예문들은 다음과 같다.

Turn every meal **into** a special occasion.

(매번의 식사 시간을 특별한 행사로 만들어라.)

Medusa's baleful look would turn men into stone.

(메두사의 사악한 시선은 사람을 돌로 만들어버린다.)

Ten years of prison had turned him into an old man.

(십 년의 수감 생활로 그는 늙은 영감이 되어 있었다.)

기억할 만한 영어 문장

1. Tonight I celebrate my love for you
(오늘 밤 난 당신을 위한 나의 사랑을 축하해요.)
2. Tonight there'll be no distance between us.
(오늘 밤에는 우리 사이에 거리도 없어지겠지요.)
3. What I want most to do is to get close to you tonight.
(내가 가장 하고 싶은 것은 오늘 밤 당신에게 가까워지는 것이에요.)

* 팝송 에세이

사랑의 완성은 무엇으로 나타날까? 사랑의 완성의 색깔은 무슨 색깔일까? 사랑을 나누는 방법에는 어떤 것이 있을까? 사랑을 나눌 수 있는 시간이 왔을 때 사랑을 나누는 것은 어쩌면 당연한 일이지도 모른다. 사랑을 나누는 방법이 어떤 것이든지 상관이 없이. 사랑을 나누는 것을 영어로 make love라고 한다. 이 make love는 '포옹하다, 섹스[성관계]를 하다, 설득하다'라는 뜻을 갖고 있다. 이것은 사랑의 완성이 아니라 사랑의 시작은 될 수 있고, 사랑을 무르익게 만드는 한 가지 중요한 요인은 될 수 있을 것이다. 그렇지만 사랑의 완성은 상대방을 온전한 인격체로 존중할 때 이루어지는 것이다. 물론 쉽지 않은 생각이고 이를 위한 많은 노력이 무척 필요하다. 가만히 돌이켜 보면 우리는 사랑의 완성에 대한 깊은 생각 보다 자신의 욕망을 충족시키기 위한 무의식적인 수단으로 상대방을 대하고 있지 않은지 진지한 반성이 필요하다.

이 노래에서 사랑을 나누는 것은 성적 교섭을 일컫는다. 그 시기가 오늘 밤이고 둘만이 있는 독립된 공간으로 여기고 있는 것이다. 그래서 다른 사람들은 이들 둘을 찾을 수 없을 것이다. 이런 경우 서로에 대한 거리감은 물론 자연히 없어질 것이고 연인 관계로 발전하게 될 것이고 서로 가까워지는 것은 말할 필요가 없을 것이다. 하지만 이들의 바람처럼 '다이아몬드들로 비쳐지는 하늘까지' 그들이 나누는 사랑이 '영혼 상승'을 이끌 것인가에 대한 판단은 유보될 수밖에 없을 것이다. 둘만이 사랑을 나누고 서로 그들의 사랑을 축하하는 것은 지극히 당연하겠지만, '이 세계를 벗어나 있을 거'라는 생각은 일시적으로 일어날지 모르지만, 오늘 밤이 지나면 그들 앞에 엄연한 현실이 다가오기 때문에 온전한 의미의 사랑 나누기를 위한 긴 여정에 나설 차비를 채려야 할 것이다.

★ 덧붙이는 글 ★
영화 『미녀와 야수』(*Beauty and the Beast*)의 오리지널 사운드 트랙(OST)이다.

찾아보기